战争致富史话

枪炮、金权与算计

［德］理查德·莱文索恩/著
周新/译

地震出版社
Seismological Press

图书在版编目（CIP）数据

战争致富史话 /（德）理查德·莱文索恩著；周新
译 . -- 北京：地震出版社，2020.12
ISBN 978-7-5028-5175-0

Ⅰ . ①战… Ⅱ . ①理… ②周… Ⅲ . ①战争史－世界
Ⅳ . ① E19

中国版本图书馆 CIP 数据核字 (2020) 第 001699 号

地震版　XM4531/E（5894）

战争致富史话

［德］理查德·莱文索恩　著　周新　译

责任编辑：王亚明

责任校对：李肖寅

出版发行：地震出版社

北京市海淀区民族大学南路 9 号　　邮编：100081
发行部：68423031　68467993　　传真：88421706
门市部：68467991　　传真：68467991
总编室：68462709　68423029　　传真：68455221
证券图书事业部：68426052　68470332

http：//seismologicalpress. com
E-mail：zqbj68426052@ 163. com

经销：全国各地新华书店
印刷：北京柯蓝博泰印务有限公司

版（印）次：2020 年 12 月第一版　2020 年 12 月第一次印刷
开本：710 × 960　1/16
字数：210 千字
印张：14.5
书号：978-7-5028-5175-0
定价：49.80 元

卷首语

《战争致富史话》，多么震撼的书名！再看看目录——军人、金融家、兵工厂、承办商、投机者……，这是一部讴歌军事天才和商业奇才的著作吗？

据《人类战争的历史》一书记载：据不完全统计，在有记载的5 000多年的人类历史上，共发生过大小战争一万四千多次，平均每年两三次。古罗马著名历史学家塔西佗说："黄金和财富是战争的主要根源。"在这一万多次战争中，多数人失去了财富乃至生命，换来的是少数人的荣耀和富贵。学者威廉·申斯通的话一点不假——战争使多数人流血，却养肥了少数人。一些人为了一己私利甚至不惜撺掇当权者发动非正义的战争，这些都被记录在本书中。

在历史的车轮滚滚向前的时候，有些人确实在各自所处的战争时期扮演着无可替代的重要角色，为历史的进步做出过不可磨灭的贡献。今天，我们费尽心力地再版这本著作，不是为了赞颂在战争中表现卓越的人。那些专门想着发战争财的人，除去他们的特殊历史价值，没有一个值得赞颂。

书中列举了从恺撒大帝到第二次世界大战前夕靠战争发家的人物事迹。陈述他们"光辉业绩"的文字，在爱好和平者眼中，恰恰是自私者的犯罪证据。翻看史书，战争就意味着铁和血。

反对战争，特别是非正义的战争，永远符合时代潮流。当然，反对战争不意味着忽略战争。《司马法·仁本》中说："国虽大，好战必亡；天下虽安，忘战必危。"我们国家的伟大复兴之路走得很坚实，东欧剧变、苏联解体，那些国家政权被颠覆的往事才过了几十个年头，奉行霸权主义和强权政治的国家所操纵的邪恶势力从未停止过阻碍我们复兴；我们国家的伟大复兴之路走得很稳健，试看今日之世界，中国已是最太平、不再受欺压的国度，这和我国实施的强军强国政策分不开。

原著者创作本书的初衷在于揭示战争中财富涌动的真相，告诉更多的人，所谓延续了百年繁荣的大家族、大企业，乃至一些发达国家，其中不乏暴戾而贪婪的掠夺者。

本书前五章可谓靠战争发家致富者取得不义之财手段的汇集，最后一章则是给反战斗士的赞歌及对所有爱好和平者的鼓励与期许。最后送上原著者的一句话："如果没有人能发战争财，自然也就没有人希望发生战争。"

序

战争是否能带来利益的问题，现在[①]正受到热烈的讨论。世界大战会再次爆发的观点，已经获得了普遍的认同，各国也正因此耗费极大财力，再次进入军备竞赛时期。这个问题的严重性是不容置疑的，那些从战争中谋取暴利的人，他们的行为是正当的吗？他们可以被容忍吗？抑或从另一角度来看，是否因为他们是造成国家间发生战争的许多原因之一，而应该受到严厉的制裁呢？

通常情况下，在一些大国，政府已郑重宣布对从战争中谋取利益的敌视态度。在英、法、美诸国，已经成立了相关委员会，来研究这个问题的各种可能。它有时在判断欧战[②]中个人所得的利益，有时在判断军火制造商在平时所得的利益，有时在考虑将整个军火工业收归国有的适当手段。有些国家，特别是美国和法国，还会通过一些非常重要的法律，来限制军需行业的发展或者限制军需行业所产生的利益。

这个问题虽然已经引起了民众普遍的兴趣，然而据我所知，目前对于这个问题还没有人去做常规的考察。本书就是应这种需要而写的。本书提供的相关材料，包括各个国家相关的历史，可以使读者产生客观的见解。本书取材范围广泛，材料是经过了一番选择的。对较久远的历史，书中只

---

① 现在：作者写作此书的时间是在1937年左右，全书中如无上下文说明，“现在”及类似的表述均指该时间。

② 欧战：即第一次世界大战。为方便读者理解，后文一律用“第一次世界大战”。

列举了少数几个有代表性的例子，大部分材料是和现代有关的。

自从有战争以来，战争就关联着利益。直到19世纪初，虽然金融与商业在战争中获取利益的机会很大，但是从战争中得到最大利益的通常是级别较高的军事领袖。随后，在19世纪，军人的地位由军火制造商取代。大多数人认为军火制造商至今仍占据着重要地位。军火制造商的地位，现在固然还很重要，不过我们现在对于他们的作用，有时是过分在意了。相比之下，我们对于战争本身产生的利益未免太过忽略。在第一次世界大战中，各种军需类商业和投机事业都取得了极高的利润，我在本书中会说明，间接的战争利益的地位渐渐变得重要了。

目录

第一章 军人

第二章 金融家

第三章 兵工厂

第六章 反对战争利益的奋斗

Chapter 1

第一章

军人

恺撒

他们差不多都是白手起家的：乡村绅士、穷苦的仆人、健壮的殖民地军人或是探险的船长。有的借助于喜爱的冒险事业，有的靠带来财富的婚姻，直至他们的天赋受到了人们的公认。他们所仿效的最大的榜样是恺撒。在这一方面，恺撒是他们的模范：他是白手起家的，并且比一无所有还要可怜，因为普鲁塔克曾经告诉我们说，当年轻的恺撒初次得到一个高级的职位——被任命为西班牙总督时，他所欠的债务共有803塔兰同——约合现代的40万英镑[①]。

当他在国内时，他把借来发展政治野心的金钱任意地挥霍着，他的债主还能感到相当安心。

因为有权就能生财。在罗马通常除了像马尔库斯·波尔基乌斯·加图·乌地森西斯（又称“小加图”，恺撒的反对者）这类顽固的人，外人是绝不敢提出异议的。但到了一个不安分的殖民地，如果恺撒遇到了什么意外，那钱不就永远要不回了吗？

因此，当这位新总督一切都准备好，正预备出发时，他的债主来找他了。他们送上了他的债券，都是早已到期了的，然而恺撒依旧无力偿还，他们只好把恺撒的行李扣了下来。

---

① 英镑：本书所载历史上的货币数额，在折为现代货币时，均以等值英镑为标准。原著作者折算为现代的法郎，现在根据当时数据，将75法郎折合为1英镑。

恺撒雕像

盖乌斯·尤利乌斯·恺撒（公元前102—前44），古罗马共和国杰出的军事家、政治家，古罗马帝国的奠基人。

这是一个多么凄惨的景象啊！正当这位总督预备走马上任的时候，他的路费和全部行李都被抢光了。这样的事似乎是前所未有的。虽然民法不约束罗马贵族，但是恺撒在尚未发迹时，也不敢行使武力，事情还得用合法的手段来解决。为了避免再有公然受辱的事情发生，恺撒的支持者、罗马共和国的大富豪——克拉苏（罗马前三巨头之一），同意对其债务进行担保，这个最严重的问题便因此得到解决。债主们都回去了，这位年轻总督不再被纠缠，带着所有的东西出发去往西班牙。

这一次的意外使他下定决心，他得摆脱依靠他人经济的处境。在后来的几年中，西班牙的富饶帮他实现了这个意愿。他一到任，就立刻致力于征服新的领土，统治了现在称之为加利西亚（现为西班牙的自治区）和葡萄牙的地区。他任职西班牙总督期间便制定了最初的开垦制度，他在西部所获得的财富，与昆图斯·塞多留（罗马共和国后期著名将领）和格涅乌斯·庞培在东部征伐中所获得的，确实还不能相比。然而，罗马的商人对于这种财富的突然而不经意的流入，无不感到莫大的喜悦，于是他们对发展殖民地事业产生了更大的兴趣。

庞培凯旋油画

格涅乌斯·庞培（公元前106—前48）是罗马共和国的著名军事家、政治家，罗马共和国后期三巨头中势力最大的一个。庞培一生战功卓著，曾率军剿灭地中海海盗，征服小亚细亚和叙利亚。

恺撒的军队也分到了很大一部分战利品，他们都没有一句怨言。恺撒自己还留下了极大的一部分，虽然他并不像罗马其他领袖那样贪鄙，但现在他所有的债务都能够还清了，原来的债主也非常高兴。他的初次军事伟业不但使他有了名气，也使他变成了一个有钱人。这正是一个军人所希望达到的目标。

在西班牙的征伐只是开端，后来的高卢战争[①]所带来的收获更为丰富。在

① 高卢战争：恺撒在担任高卢总督时发起的历时8年的8次扩张战争，最终征服了整个高卢地区，包括今天的法国、比利时、德国、卢森堡、意大利北部以及荷兰和瑞士的一部分地区。

之前的那些国度（指西班牙等，当时远没有高卢文明发达）里，没有什么多余的东西可拿，就像在不列颠或日耳曼的森林里一样，因此恺撒便没有住很久。他用了更多的精力去征服和开垦高卢的富饶地域。位于罗纳河与莱茵河之间的一些部落，每年要缴付贡税4 000万塞斯太尔斯（古罗马货币），约等于80万英镑。除了占领了很多的要塞以外，尚有大批财物源源不断地落入罗马人的手里。

恺撒究竟捞了多少财富装进了自己的腰包，我们并不知道，但从他一生慷慨豪放的性格来看，他是能够把金钱等身外之物散出去的。执政官保罗斯得到了1 500塔兰同，他造了一所宽大的审判庭。护民官居里亚得到了250塔兰同，他原先负债累累，得到这笔钱后便不再受到债主的压迫了。在最后一次高卢战争中，庞培因借钱给恺撒军队，也得到了约500塔兰同作为报酬。我们依据这些已经知道的数字可以得出一个结论，就是在连年的战争中，恺撒已经从负债803塔兰同变为拥资至少2 250塔兰同。这就是说，增加的数目不低于3 000塔兰同，约合150万英镑。在这个时候，克拉苏被认为是古罗马最大的富翁，他的财产达到了7 100塔兰同。

恺撒致富的方式没有什么特别的地方。在全世界的军事史中，从最开始一直到19世纪，一个军队的司令官，一个打了胜仗的军队司令官，他个人从战争中得到一笔财富是很普通的事。在战败的时候，那时的将军们所冒的危险当然比战胜时要大得多。他们个人所面临的险境差不多和普通士卒一样。在失败时，他们也许会被放逐，财产被没收。在20世纪，通常只有君主才会遭到这样的威胁。

一般来说，军事领袖的发财机会和危险，因他们法定的地位而有所不同，不过实质上的差异还是很小的。古代，特别是在古罗马时期，人们已经知道使用各种手段，给一个军事领袖军事上的荣光“镀金”。他们献给一个征服者的，不只是象征地位和荣誉的棕榈叶和月桂，还有物质利益。如果他在战事进行之中，并没有把腰包填满金银珠宝，那么他在凯旋时，就有一种公认的权利去取得极大一部分的战利品。除了这些动产的馈赠之外，他还做了掌管这个地域的领主。有着特殊功勋的军人，还可得到整个地域的报酬。其余的军官会得到比较小的数目，但通常他们所得到的财产，往往足够使他们在年轻的时候引退，过着舒适而安逸的生活。加上显赫的官职，如政府机关或是金融界的荣誉职位——其中有些就像现在的退役军官所担任的顾问职位一样，这些就完成了军事领袖所有利益的获得。

封建贵族

越是在中世纪原始的经济生活状态，战争的利益越混乱、不一致，一个骑士的目光便越密切注意在土地产业上。

无论谁曾经从他的君主那里得到了一块封地，他都得替他的君主服军役，特别是骑士。这种骑士需要负担军需的费用，通常还得准备好三个月的食粮。这种土地的让与和军事服役之间的关系，便是中世纪封地制度的基础。在几个世纪的时间里，它使封建诸侯取得了一种经济上的优越地位。

不过这只是战争经济学的一面，对于武士的吸引力很小。他们以后固然还会继续得到土地作为报酬，例如，法兰克国王矮子丕平（即丕平三世，身材矮小，与教皇关系密切）在位时，曾经分配属于教堂的土地，不过战争本身对于封建骑士而言总不是一件好事，他们付出了最大的牺牲。在封建历史上有着极多的证据，即一般骑士，特别是一些有钱的骑士，他们在家里可以过着一种舒适的生活，因此当封建领主召集他们参加一次新的战争时，他们往往并不热心。这时，领主就必须用尽全力来劝诱对他们忠心的骑士。有时他们答应给骑士发放一定的饷银，但钱往往非常少，并且也不是在每个地方都能使用。战利品的诱惑并不是特别大，特别是如果这次的远征是到一些很远的地方。一个封建领主最有力的钓饵，就是答应他的骑士在他们将来征服的国家，赐给他们大块的土地，他们在那里也可以变成一个新的封建领主。

征服者威廉一世主导的入侵英格兰之战，便是这样一个显著的例子，他使多数参战的人都得到了极大的收获。诺曼底公爵（威廉一世原在法国的爵位）的骑士是北欧最有教养的贵族，他们最初不答应跟他进行一次海外战争，威廉一世看到这种情形，亲口答应战胜后许以他们土地作为报酬。

战争得胜之后，威廉一世毫不吝啬地兑现了诺言。他第一个想到的当然是他自己。在他年老的时候，每年的收入达40万英镑。直至500年后，伊丽莎白女王的收入才超过了这个数目，但当时英镑的购买力已经降低很多了。威廉一世的这笔庞大收入的来源，除了各种贡税之外，其余都是从他在全国各地为自己所留下的1 432处产业中得来的。

征服者威廉一世

英格兰国王威廉一世（1027—1087），原是法国的诺曼底公爵，名义上效忠于法国国王。1066年，其率军登陆英格兰，击败英格兰国王哈罗德二世，然后在伦敦自立为英格兰国王。

接下来，获得丰厚收益的便是威廉的家族成员。威廉的兄弟奥桐是当时全国最富有的人，得到富饶的产业450处；威廉的另一个兄弟——劳勃脱，得到领地973处。威廉的其他追随者也都获得了公平的对待。威廉在英国建立了一种贵族的、中央集权的制度后，任何政治独立的希望都消失了，然而从经济角度看，他的贵族支持者们的确都得到了充分的回报。阿兰·斐根脱得到封地442处，琪劳姆·地韦仑尼得到298处，哲弗洛伊得到280处，理查德·地克兰尔得到171处，其余详细记载可以在英国土地及统计调查册中看到。

既然这些封建贵族得到了许多土地，他们对国王就有继续从事军事服役的义务。于是他们把大部分的产业让给次一等的骑士，让他们拥有义务，不仅要参加新国王主导的战争，而且得参加他们直属君主的私人战争。不过从这时起，他们也遇到了以前国王所遇到的困难。如果他们要把农奴们从田地里拉出来去作战，他们就得给农奴们一种经济上的担保，这种担保会越来越繁重。

英国封建贵族就是通过分封土地的方法，把他们的财产和他们的社会地位维持了300年。后来，他们渐渐衰落了，主要原因是国王已经拥有了一支有组织的军队，并且兵器有了技术上的发展，因此从军事立场上看，国王不用像以前那样去依赖封建贵族了。一个20世纪的英国高级贵族坚称他是15世纪或15世纪以前军人贵族的后裔。事实有可能并非如此，因为古时贵族的尊衔往往会因事废去，然后授给一个新封的贵族。这些征服者就封的尊衔要比他们从胜利中得到的产业更为持久。

法国高贵的封建骑士制度消失的年代，差不多和英国同时。不过在法国，通常古老的世家及其封建产业还比较好地存在着。在法国大革命（1789年7月14日在法国爆发的资产阶级革命）爆发之初，1 500个贵族之家尚能一直追溯到他们“不能记忆的”世系，即追溯到中世纪的“种族”，目前这个数目已经不到全体贵族的十分之一了。

中欧和东欧的古代贵族，在战争获利方面所得到的优越地位比西欧的贵族维持得长久一些。但因为遭遇了一次猛烈的经济变化，他们也在15世纪末期消失了。有一段时期，一些封建贵族失去了军事上的作用，于是他们就去从事拦路劫夺商人和旅客财产的勾当，以补偿他们不能再从战争中取得的利益。这种行为后来受到了国王的抑制，于是这些在易北河（中欧主要的航运水道）边拥有土地的武装势力，就不得不裁减他们所雇佣的本地农民，渐渐发展到完全不用他们，使自己可垦殖的土地增加了起来。

征服新世界

从15世纪末到16世纪初，欧洲大部分地方的封建制度已普遍没落，中世纪的战争带来的利益随之消失。这时，对于享受薪水的庞大军队组织（中世纪时的军队不发放军饷），战争本身便产生了一种财政上和经济上的完全演变，于是欧洲西南部便进入了一个战争事业的新时期，使一般的军事领袖得到了无限收获的机会。现在我们所要讲的是西班牙和葡萄牙勇敢的远征军。这支远征军最初完全带有军事性质，虽然只是一些极小的军事建制。

这些勇敢的远征军，就像十字军一样，他们的动机不但带有宗教和玄学的色彩，还带有物质性和政治性。但是在他们准备与执行海外远征之时，物质性立刻占据了最高的地位。在军事行动中，他们的观念好像仍处于原始时代，即一切都是允许的，包括一切奸淫掳掠的行为。如果在技术上可行的话，他们肯定会把整个新世界放到他们的船上，运回欧洲。他们把一切可以搬得动的有一点价值的东西都搬走了。

这些原始的出征，除了掳掠之外没有别的目的，可是从他们所在的金融组织的角度看，这些出征已经具有了现代资本主义观念的标志。他们把大笔钱财投入到这种冒险的事业中，是事先详细计算过的。国王和诸侯是这些冒险事业最大的金融支持者。他们在军队出征前很早的时候，已拟订好了一些条约：如果这次远征成功，国王应该得到多少，远征军队长可以拿多少。

面对远征获取的全部战利品，葡萄牙国王伊曼纽尔自己保留五分之一。历代西班牙国王在面对远征军所取得的珍宝之时，要求的也是五分之一。随后，一些金融家也加入了进来，于是事后财富的分配就变得格外复杂了。随着航海远征事业的发展，这些事业逐渐具有了一种现代公司制的性质。远征军队长（通常远征军队长在新的殖民地会担任第一任总督），通常会把极大一部分收益收入自己囊中。

在发现新大陆期间，一般航海先锋和军事领袖之所以有着这么高的利益要求，也许是受克里斯托弗·哥伦布的影响。我们知道，哥伦布是一个拥有野心且十分贪婪的航海家。在几年时间里，他曾与西班牙和葡萄牙君主讨论着他的计划，即寻找一条通往印度的商路，然而因为他个人要求的回报太高，谈判最后都失败了。

一点小小的报酬是不能满足哥伦布的。除了各种尊衔和显赫官职之外，他要求国王允许他从所得到的全部收入中分取十分之一，还要在将来新的殖民地上成立的任何国家的垄断事业收益中分取八分之一。

哥伦布从远征中直接得到的收益，的确不是小数目。他最初开辟的岛屿以及美洲沿海地区，比之前已经掳掠过的任何地方都有着更大的殖民价值。这引起了各方的不满。有人坚持说，他因犯了某种罪行而被撤职（按照哥伦布和西班牙国王的约定，哥伦布担任新殖民地的总督，但哥伦布没有政治才能，后被控告免职）。哥伦布的目的是发动一场大规模的开垦战争，以掠夺尽可能多的财富。可是在他去世后，竟没有留下一点产业。

哥伦布雕像

克里斯托弗·哥伦布（1450—1506），意大利著名航海家，新大陆的发现者，“大航海时代”的开创者。其探险活动受到了西班牙王室的支持。

在哥伦布之后，征服新世界的人便得到了大批哥伦布所失去的东西。和中世纪战争不同的是，土地分配退居次要地位。这时最重要的东西，不是不动产，而是动产，即一切可以搬走的战利品。金银是大多数远征军持续运出的动产。

绝大多数远征者掠取了大量财物，但也有几个例外。例如，古巴总督赫奈图·地沙多对密西西比谷进行了一次远征，遭遇了许多灾难，结果却一无所得。伐斯圭兹·地卡罗奈图从墨西哥出发，深入北美蛮荒之地，也没有得到想要的东西。法国航海家雅克·卡蒂亚受弗朗索瓦一世（法国国王）所遣，发现了现在的加拿大。然而他受派遣的目的，原是寻找传说中的黄金之国，最终他没有找到，失落地回到了家乡。

雅克·卡蒂亚画像

雅克·卡蒂亚（1491—1557），法国著名探险家，其率领的船队于1534年在今天的魁北克市登陆，由此发现了加拿大，为新法兰西的繁荣奠定了基础。

远征军的战利品

那些运气好的人迅速积累了财富，其中取得最大成功的是征服墨西哥的埃尔南·科尔特斯和征服秘鲁的弗朗西斯科·皮萨罗。他们的远征军完全是出于军事目的的。他们都是殖民地帝国主义初期的一些殖民地军人。在著名的墨西哥中部远征中，科尔特斯率领的整支军队包括400个西班牙人、15匹马、7门火炮、1 300个武装印第安人、1 000个脚夫。随后，他从若干反对阿兹特克人的部落里获得了大批援兵，他率领的军队渐渐地增加到了7 000人。

当科尔特斯的军队逼近阿兹特克时，阿兹特克王蒙特祖马向科尔特斯献出黄金16.2万比索（西班牙在殖民地国家使用的一种货币），约折合20万达克特（当时欧洲通用的一种货币）有余，还不包括其他不是很贵重的珍宝，总值约达50万达克特。不过这只是一个开端，科尔特斯并不满足。他在阿兹特克的都城里进行抢劫，又得到了另一批战利品，价值13.1万比索。在战争中，一座桥梁坍塌了，他的很大部分正在运输的财物不幸损失，然而最终他获得的财富总值似乎已经超过了50万比索。科尔特斯回到西班牙时，带回了20万比索和很多银子，他的行为在西班牙被公认为完全正当。然而他的几名属下却因为各自留下了2.5万~3万比索而被逮捕了。

科尔特斯在墨西哥所得到的利益，远不及几年后弗朗西斯科·皮萨罗在秘鲁获得的多。皮萨罗是一名经验丰富的军人，曾亲历许多场西班牙殖民地战争，他非常聪明地组织了一个侦察队，以掠夺印加帝国的财富。他回到欧洲后，提交了一份极诱人的报告，之后查理五世皇帝和塞维尔的金融家们供给了他所必需的钱财，使他有实力组织一支真正的武装远征军。这支远征军中的白人很少，不到200人。恰像在墨西哥一样，其余的军队都是由土著居民组成的，他们得在高山上参加激烈的战斗。该组织是一种十足的殖民地军队组织。皮萨罗把这次战争看作家族的事业，觉得是可以得到极其丰厚的回报的。因此，他带去了大批家族人员参加这次抢劫。

皮萨罗劫掠这个国家财富所用的手段，比科尔特斯在阿兹特克王国所用的还要凶残。禁锢地位高贵的人、强行勒索、杀人越货——这就是他所用的手段。他把印加王阿塔瓦尔帕禁锢起来，要求将满满一房间的黄金作为赎金，这个房间要3米高、6米宽、7米长。这笔赎金价值130万比索，此外，还需一笔银子。这批金银随后被运到了西班牙，在那里，这些被认为是一个征服者的合法所得。

西班牙的历史档案真实地告诉了我们这一大笔赎金的分配方法。皮萨罗得到5.7万比索，他的兄弟赫奈图得到了3.1万比索，其他家族分别获得了1.1万比索。两名军队领袖共获得2.5万比索，48名骑兵每人得到9 000比索，步兵每人约得4 000比索。银子也以同样的比例分配。总体上，这些征服者得到了赎金的80%，其余20%归国王所有，国王似乎还得满足一些金融家的要求，因为他们也资助了这次远征。

这些赎金只是这次战争所获战利品的一部分。抢劫都城以及对当地人民继续强行勒索令印加人又交给了西班牙人一大笔贡税。当印加帝国的财富被掠夺殆尽时，西班牙人把目光转移到了该地的银矿上，就像他们以前在墨西哥的情形一样，弗朗西斯科·皮萨罗最小的兄弟贡萨洛·皮萨罗经营起波托西矿，从那时起的整整100年间，这里的矿产成了西班牙最重要的银子来源。

海上私掠事业

运输美洲银矿出产的银金属的武装警卫商船，在产量高的年份所载银的价值常有1 000万~1 500万达克特之多，这在当时成了引人注目的劫夺目标。16世纪和17世纪，海上的劫夺、私掠以及正式的战争（荷兰、西班牙和英国都为争夺海上霸权而发生过大规模的海战）从未间断，以角逐海上霸权。私掠船的主人，特别是那些拥有私掠令状和国王谕旨特权的人，是真正的战争受益者。私掠船船员是现代海军的雏形，并且往往是正式海军的辅助军。从私掠的经济目标与金融手段角度看，他们和新大陆发现时期以征服为目标的那些远征军差别很小。

随着资本主义制度的发展，私人金融家在船只的置备以及随后的海上活动中渐渐占据了重要地位。于是，一些正式的合股公司成立了。但在金融上，皇室继续占据着极大份额。

1577—1580年，弗朗西斯·德雷克在南美开展了一次沿海抢劫式的远征，带回了数量惊人的财物，使船舶的主人在这次冒险活动中所投的金钱得到了十足的回报，其余的很大部分上交给了伊丽莎白女王。事后，德雷克不但得到了极其丰厚的报酬，而且获封骑士爵号。

弗朗西斯·德雷克

弗朗西斯·德雷克（1540—1596），英国著名的海盗、政治家，曾多次率领船队袭击西班牙货船，将所得财宝运回英国，并击败西班牙“无敌舰队”。著名的“德雷克海峡”就是他发现的。

在路易十四时期，法国的私掠事业特别发达，国王和大臣们也热情地参与到这一事业中，使得其立刻变成了一种受到尊敬且利润丰厚的事业。17世纪，大的殖民地公司通常一方面成为私掠事业的牺牲品，另一方面毫不迟疑地用同样的手段获取利益。1623—1636年间，荷兰东印度公司抢夺了至少514艘船，超过了其制造的船只数。

然而，随着商业的发展，私掠事业渐渐没落了。虽然私掠事业依旧保持着声誉，但收入已经不再丰厚，其所得并不比正式的军事行动多了。路易十四时期，法国某一海口在官方的严格监督之下，有如下详细账目记载。首先，一次远征所得到的进款中，一大部分充作合法的成本，如关税等费用。其次，10%归法国海军总司令，即在名义上是归国家所有的。单是在1692年一年中，布列塔尼海军总司令兼总督旭尔奈公爵就得到了900万里弗（当时法国的货币单位）。其余的款项由船长和远征队员所有，船长获得其中的三分之二。

在从事私掠事业时，大船所载的人数往往超过300人，在这样的情形下，船长所得到的不过是全部战利品的百分之二三。私掠事业衰落后，参与这种活动的人大大减少。在拿破仑战争时期，圣马洛（法国地名）有一个名叫爱琴那特的从事私掠事业的人曾抱怨说，在20天中，他上缴了200多万法郎，可是他自己所得到的不过34 000法郎。由于复杂的吏治制度，账目的结算被无限拖延。在路易·菲利浦（法国国王，1830—1848年在位）时代，有一些老水手领到了他们在第一帝国时（即拿破仑帝国）应得到的战利品，那已是30年前的东西了。

结算上的拖延和报酬的微薄，使许多从事私掠事业的人设法通过其他方法获得补偿。有的公开实施海盗行为；有的在半途中把他们获得的战利品搬上了一个安全而秘密的港埠；有的甚至在远处烧毁他们的船只，拿着他们夺获的财物在外国过着宁静的生活。1700年前后，英国在北美新开辟的殖民地便成了一些长年从事私掠和海盗事业的人的退隐之地。这个时期的波士顿就有一些这样的人，他们在那里过着一种完全有保障的生活。

在这些专门从战争中获利的人中，只有少数几个人真正聚敛了大量财产。这些人大多自己出资组织远征队，并不求助于金融家，最终他们得到了大部分战利品。迪盖·特鲁安便是其中的代表，他是圣马洛最有名的从事私掠事业的人，至今仍被尊为法国伟大的海上英雄。

迪盖·特鲁安出身于一个从事私掠事业的船主家庭。几个世纪以来，他们家族已经积聚了大量财产。迪盖·特鲁安年少时，一度立志成为牧师，但他最终还是决定从事家族事业。17岁时，他已担任了一艘他家自有的私掠船的船长。最初他掠夺了一些有价值的战利品，但他的野心很大，逐渐增添了许多船只，最后他有了一个名副其实的大舰队，横行海上，寻找着目标。为了满足他的野心，他不得不大量借贷，借款数目持续扩大。在20年的时间中，他虽然劫得了360艘船只和大量船货，价值数百万法郎，但是因为远征的时间太长，花费太大，还经历过几次失败，最终他负债累累，甚至一度不能维持生活。

迪盖·特鲁安

迪盖·特鲁安（1673—1736），法国海盗、军事家，在新航路时代曾率领法国海军同英国、荷兰争锋，曾多次击败英、荷舰队。法国有以其名字命名的新型军舰。

在这种凄惨的处境中，他筹划了一个宏大的计划：他希望到巴西开展一次军事远征，讨伐与法国的敌人结盟的葡萄牙人，同时为法国一支舰队在巴西海岸所遭遇的失败复仇。他呈请国王批准他的计划。路易十四虽然非常支持他的计划，但是因为国库亏空，无法拨付远征所需要的一二百万里弗尔①。于是迪盖·特鲁安决定私下筹集这次冒险之旅所需的费用。最终他和本城六个资本家凑集了150多万里弗尔。

之后他们的劫掠活动开始了，他们同时在法国若干港口置备船只。1711年，迪盖·特鲁安率领一支强有力的舰队，向着西南方向航行。他所指挥的舰队共有大船17艘，载枪138支，运载武装人员5 864人。三个月后，他攻下戒备森严的里约热内卢，之后自然就得抢劫一场，但收获并不像他们所预期的那样

① 里弗尔：13世纪初至18世纪末法国货币单位的一种，1里弗尔当时价值相当于1镑白银。

丰硕。葡萄牙人非常聪明，他们事先已经把金银转移了。迪盖·特鲁安想到了一个办法，他宣称如果葡萄牙人能够支付大量赔款，他就不焚毁这个城市并准备离开。葡萄牙总督同意了这个条件，于是法国舰队便满载财物扬帆而去。虽然在回国的路上有几艘载有约值60万里弗尔金银的船舶失踪，但迪盖·特鲁安所带回的战利品价值仍在500万里弗尔以上。

之后，迪盖·特鲁安受到了国王的封赏。在路易十五当政之时，他被委以很高的军职，但他最终并未留下什么产业。

佣兵队长

海上的掠夺活动往往需要进行精细的谋划和计算，还会受到公约、法令的阻碍。这使掠夺活动在陆地上发展起来，立刻变成了资本主义萌芽时期特点最显著、最赤裸裸的证明。

人们通常认为，15世纪时意大利的“佣兵队长”[①]是陆地掠夺事业的开创者。一些发放军饷的军队司令官因为急需金钱和权势，会召集军队作战——或为本国而战，或为外国而战。这种事在历史上是经常发生的。

这些冒险性活动持续的时间通常都很短，常常因主导者暴死而告结束。主导者不一定死在战场之上，遭遇谋杀、财产被没收是他们常常遭遇的结局。但直到暴死时，他们过的仍是一种非常奢侈的生活、一种真正的战争获利者的生活。

在意大利北部和中部地区，至今仍保存着那些佣兵队长的府邸和纪念物，

---

① 佣兵队长：中世纪以后，意大利的政治势力分裂为教皇党和皇帝党，在派系斗争、贸易路线争夺等因素的作用下，战争频繁，富裕的意大利人开始雇佣欧洲各国的士兵为自己的势力作战，其首领称为佣兵队长。

它们反映出了这些贪婪的军队领袖所能赢得的财富和地位。一些重要人物的名字从这个时期一直流传到现在：米兰佣兵队长法辛诺·凯恩所得的财产有40万弗罗林[1]；威尼斯佣兵队长柯里盎尼在其财产被没收时，拥有的财产多达21.6万达克特。

华伦斯坦

在西欧国家，王权的扩张限制了军人所能得到的财富与权力。欧洲中部佣兵队长的自由程度，士兵生活的幸福程度，在“三十年战争”[2]中的阿尔伯莱希特·华伦斯坦身上，达到了顶点。

华伦斯坦从战争中的获利，也许是有史以来军人中最多的，并且是种类最多的。他曾带领数千人的军队，出发猎取财物，但他绝不仅仅是一个军队的领袖，还是一个大企业家，他为军队供给军械以及其他一切附属物件。他指挥着一个复杂的最高行政机关及其许多支部，支配着一个带有军事性质的国际财团。

华伦斯坦军队所到之处的人民不但要客气地满足军队的要求，还被强迫拿出大宗款项。不论他们是朋友、敌人还是中立者，都被“一视同仁”。通过使用这种办法，华伦斯坦取得了军队生存所需的资本，作为其流动经费。如果一切都很顺利，华伦斯坦就可以把皇帝拨给他的绝大部分军费归为己有，不过这笔经费是不常发的。

① 弗罗林：当时的一种金币，每枚3.5克左右，足金，又称金弗罗林。

② 三十年战争：又称“宗教战争”，中世纪后期，天主教国家和新教国家矛盾激化，在1618—1648年进行了长达30年的战争，是欧洲第一场全面战争。

阿尔伯莱希特·华伦斯坦骑马画像

阿尔伯莱希特·华伦斯坦（1583—1634）是捷克贵族，实际上已经德国化。捷克人民反对哈布斯堡王朝的起义引发了“三十年战争”。他曾担任神圣罗马帝国的军事指挥，残酷镇压捷克人民。其所率军队肆意抢夺所到之处的财富，被马克思称为“蝗虫大军”。

在中世纪，地产是财富的主要形式。华伦斯坦把仇敌的土地充公之后，就会将它们拍卖出去。他往往自己出极低廉的价格买进这些土地。谁敢出价压制华伦斯坦的经理人呢？这就是一种使用狡诈计谋、有组织的公开劫夺。

要想成为一个资本主义企业家并靠战争获利，首要条件是必须设法得到金钱。华伦斯坦出身于一个捷克小郡的贵族之家，家里还算富裕。他觉得要想快速地获取巨额财富和更高的社会地位，最好的办法莫过于进行一场带有金钱交易性质的婚配。1609年，他25岁，和一个年长于他的寡妇罗克兰蒂亚·尼果西·朗台克结婚了。罗克兰蒂亚在摩拉维亚（现捷克东部地区）有四处产业，价值约为40万弗罗林。这个富有、虔敬的女人不久后就死了，年轻的鳏夫华伦斯坦承袭了她的财富。

此时华伦斯坦就可以过极为奢华的生活了，甚至可以出入朝廷，随心所欲。那时，一些摩拉维亚的大贵族背叛了皇帝，他当时是经手军事基金的人，但随后宣布效忠皇帝，为表明他的忠心，他把90万克朗放在维也纳他的主人的脚边。在华伦斯坦离家的时候，摩拉维亚贵族夺取了他的全部产业。一瞬间，华伦斯坦失去了所有财产，但他懂得怎样夺取最终的胜利。

最终，皇帝的军队取胜，其中一支军队就是华伦斯坦集结的马队。紧接着风势转了：波希米亚和摩拉维亚的叛逆者全部受到了产业充公和处罚罚金的处分，同时一些忠于皇室的人得到了极高的酬报。华伦斯坦不但重新夺回了他的产业，而且他的一个曾经背叛皇帝的亲戚的财产也归他所有了。他可以从波希米亚北部的城市征收重税，装进他自己的腰包。此外，他从这次的战争中还得到了一个好处：他把军队的粮食大批买下，趁布拉格闹灾荒，在那里卖出，又收获了极大的利益。

因此，当1621年秋国家开始系统地出售（或者可以说是分散）充公的土地时，他又积聚了大笔钱财。摩拉维亚的一些大贵族全都心满意足地得到了极大利益，但获利最大的还是华伦斯坦。在两年之中，华伦斯坦获得土地60余处。直到这时，他虽不曾得到一个高级的军事职位，但已经成为全国最富有的地主了。

这些财产成了他后来事业的基础。几年后，皇帝又遭遇了困难，华伦斯坦赶到维也纳，建议由他斥资召集军队。皇帝问他能否召集一支2万人的军队，他的回答是可以召集5万人，并且立刻就可以动员2万人。后来，华伦斯坦的军队增加到7万人，最多时达10万人。作为补偿，他向皇帝索要200万克朗。政府一直是非常穷困的，皇帝付不出这样一笔现款。于是，这位将军就得到了西里西亚的萨尔贡公地和梅克伦堡两处世袭封地作为补偿。

隔了两年，皇帝任命华伦斯坦为大元帅，华伦斯坦趁机弄到了许多好处。后来，皇帝又被迫免除了华伦斯坦购买波希米亚的产业时一直拖欠的债务，共40万克朗。这时梅克伦堡地区正被敌军占领，于是华伦斯坦又得到了西里西亚格罗高的亲王领地作为补偿。并且，皇帝答应他，所有本国收复的盐场和矿产每年的收入都归他。但华伦斯坦最希望得到的是在他统治的省份内有征税的权利。虽然他已经得了病，他的军事命运已经衰落，但他要皇帝兑现所有之前对他的诺言，有的是书面的，有的是随口答应的。他越来越贪得无厌了，他希望继承人能够享用他的财富。

华伦斯坦生命的最后一幕悲剧，也是因为钱。华伦斯坦太膨胀了，引起了贵族甚至皇帝的警惕。于是贵族们密谋强迫华伦斯坦退休，但问题的焦点是：谁承担这个代价呢？谁能代替华伦斯坦承担军事金融的重任而不致发生普遍崩溃的结果呢？协助完成这一重任的助理们怎样才能满意呢？一般债权人怎样才能满意呢？各种繁复的契约怎样才能解决呢？这种混乱的状态，使我们联想到完全受控于一个巨头的现代金融或工业事业受到清理时的情形。首脑一旦受到威胁，灾祸就临头了。华伦斯坦小心地把握着现有的优势。他可以很容易使他的属员深信，紧系在他和他们之间的金融捆绑是不可解开的。

事情非常复杂。华伦斯坦的军团长都是自己负责召集军队的，有时他们下属的队长也是使用同样的办法召集军队，因此整个军队就像一个组合起来的企业，而华伦斯坦做着所有人的担保。他负责改进军队的军备，另外，他往往会负担军队经费。

这样一种混乱的状态，怎样才能够弄清楚呢？在维也纳，贵族们曾经考虑清偿所有附属指挥官的报酬。经过缜密计算，他们发现这样做共需要100万弗罗林。虽然这时从西班牙正有大批财富流入，但皇帝仍无法负担这一笔款项。最后，唯一的办法便是利用阴谋，强迫华伦斯坦下台。贵族们对这个军事巨头提起了诉讼，并发出了缉捕令。但行政当局并不执行这个从维也纳传来的命令，于是贵族们暗杀了华伦斯坦，并没收了他的财产。

华伦斯坦被除掉后，剩下的收尾工作不像预料中那样困难。大多数已经离开华伦斯坦的被没收了产业的司令官，都得到了极丰厚的赔偿。那些始终忠于华伦斯坦的人，他们的财产被全部没收，有的甚至被判处死刑。华伦斯坦的一部分军队被遣散了，其余的被编进了皇帝的常备军里。

在华伦斯坦炙手可热的时候，他共有3 000万达克特（约为270万英镑）的财产。他被暗杀后，其中一部分财产依旧为其家族所有。凭着这些财产，几百年来，华伦斯坦家族在帝国富有的贵族之中仍占据着重要的地位。不过大部分华伦斯坦积聚起来的战争财富，却以它们被取得时的同样形式，流入其他幸运的军人手中了。

约翰·丘吉尔

在“三十年战争”结束后的数十年中，常备军制度已经得到了普遍应用。一些政府鉴于华伦斯坦等人的事例，认为不论在平时还是战时，都应该用政府的经费维持军队开支。

当时很多政府都会聘用外国的专业军人，并给予特别丰厚的报酬。因此，当萨伏依（当时神圣罗马帝国的一个地区）的欧根亲王初到维也纳时，所拥有的财产很少，但在奥国（指奥地利大公国，是神圣罗马帝国最重要的邦国之一）军队中服役之后，他竟攒下极丰厚的财产。索姆堡公爵出生于德国，凭借历次取得的功绩，他后来成了法国的陆军大将，在80岁时又被任命为英国驻爱尔兰军队总司令。这时的大多数军人虽然已经做了雇员，但他们的前途依旧像以前许多独立军人那样，有很大的希望。

一些人得到了尊贵的职位、显贵的封号，但并不因此而满足，依旧把目光集中在金钱上。这样的人就立刻变成了全国最大的富豪。英国第一代马尔博罗公爵——约翰·丘吉尔便是代表人物之一。在路易十四时期末，他曾经带给法国军队极大的不安。我们可以说，这位天才将军把他一切公众与私人活动，全都与金钱挂钩，这是他比其他军事领袖高明的地方。

约翰·丘吉尔原是一个穷苦的少年，他的姐姐和英国国王詹姆斯二世是情侣，这是举世公认的。他靠着这层关系，在禁卫军中谋得一个少尉军衔，收入大幅增长。克里夫兰公爵夫人和他关系暧昧，曾赠他5 000英镑。但是约翰·丘吉尔并没有把这些通过不正当手段所得的钱再以不正当的形式花出去，而是以年金投资的形式存起来，或者小心翼翼地锁在一个抽屉里。自他被法国陆军大将杜伦尼[①]接见（这证明了他在战场上的勇气）之后，他在军队里面便很快地得到了擢升，被派往一些重要的地区。约翰·丘吉尔结束流亡回到英国后青云直上，成了陆军上校和苏格兰的贵族。他曾被派到凡尔赛，需要执行的任务是，因英国得到了法国金钱上的帮助，特向路易十四表示感谢，并且请求再一次给予补助。约翰·丘吉尔非常成功地完成了这个任务，不久就送回了150万里弗尔，这一笔款项原是用于清偿英国国会账目的。一个贪图钱财的人，一旦经手这样一笔巨款，是绝不会分毫不取的。

约翰·丘吉尔

约翰·丘吉尔（1650—1722），第一代马尔博罗公爵，英国军事家、政治家，在“西班牙王位继承战争”中表现出了非凡的军事才能。第二次世界大战时的英国首相温斯顿·丘吉尔是他的直系后裔。

① 杜伦尼：法国路易十四时期最出色的军事家，约翰·丘吉尔离开英国在外流亡时曾在杜伦尼手下服役。

约翰·丘吉尔在37岁时已做了将军，这次又被任命为更高级的指挥官，因此他过上了一种非常舒适的生活。当他在国内外作战的时候，他的妻子萨拉夫人，也在增加着他们家的财产。她是詹姆斯二世的女儿安妮公主（约翰·丘吉尔的情妇）的侍从女官，同时也是安妮公主的密友。萨拉夫人原本就有极高的薪俸，但她所得到的私人恩惠更多。安妮公主完全受约翰·丘吉尔的操纵，生活非常豪奢，国会给予她的皇室年金不得不从3万英镑增至8万英镑，约翰·丘吉尔的财产因此日益增多。

光荣革命①后，约翰·丘吉尔已经升至马尔博罗公爵。他每年的收入已达12 000英镑。在英国这样的革命时期，对于一个不知道如何适应持续变化的政治潮流的人而言，一个很高的职位是不安全的，约翰·丘吉尔却是这方面的“艺术家”。在背弃了在法国逃亡时遇到的朋友詹姆斯二世后，他开始为威廉三世效劳。他也曾因阴谋反对威廉三世受过罢黜，但不久他又在国王的手下当差了，并且得到了比以前更好的职位。

约翰·丘吉尔最荣耀的时期始于1702年，当时威廉三世逝世，没有子嗣继承王位，玛丽二世（1694年逝世）的妹妹安妮公主登位，称安妮女王。不久之后，英法两国因为西班牙王位继承问题爆发战争，约翰·丘吉尔被任命为英国军队总司令。他战胜了路易十四的军队，整个欧洲为之震惊。他的胜利不但使他受到了王室的宠爱，还得到了很多的财富。当他取得布伦海姆之战的胜利之后，他得到了牛津附近胡特斯托克的大产业。这产业是古代王室的领地，每年可收入6万英镑。此外，他又得到14万英镑用以兴造布莱尼姆宫，这座宫殿雄伟富丽，至今仍为英国别墅中无与伦比的建筑。

英国的同盟国对约翰·丘吉尔也表现出了莫大的感激。他不但做了英国的马尔博罗公爵，还做了德意志的亲王。从战争中获利颇多，约翰·丘吉尔自然

① 光荣革命：信奉英国国教的议会政党废黜了信奉天主教的詹姆斯二世，让他的女儿玛丽公主和女婿荷兰奥兰治亲王联合执政，玛丽公主称玛丽二世，奥兰治亲王称威廉三世，自此以后，英国国王就处于统而不治的地位，没有实权。

不急于结束战争。

那些马赛尔人以前曾经和约翰·丘吉尔接触过，他们知道约翰·丘吉尔的为人，他们知道除非到了他认为值得结束时，他才愿意议和。法国外交部部长托尔赛曾提出支付给他极大一笔钱款。原则上，约翰·丘吉尔并不拒绝这种议和方式，但他要求的休战代价是1 000万里弗尔，法国不能接受，议和失败，战争又继续进行（当时英国同荷兰、神圣罗马帝国组成反法同盟，以抵制路易十四的霸权）。

这次约翰·丘吉尔铸下了一个大错。战事转了风向，法国占了优势。英国产生了新国会，保守党上台，情势突然改变。保守党人士不希望战事无限期地进行下去，他们计划废黜约翰·丘吉尔。这样一个贪婪的人物，把柄自然是不少的。

在伦敦，人们早就传说约翰·丘吉尔曾经把大宗外交经费中饱私囊，据说他在军人名单上造假，有些人虽然早已死去，但他们的名字依旧出现在了这些名单上，这样约翰·丘吉尔就可以继续领取他们的饷银。

紧接着人们又听说了另一件不正当的事。军队查账员发觉约翰·丘吉尔每年从某一承办人那里得到五六千英镑佣金，证据确凿，不容争辩，约翰·丘吉尔也不否认。但他设法洗脱自己的罪名，借口这钱用来充作秘密事务工作的花销，也就是说在为国家的利益而用。然而无论是国会方面还是舆论方面，人们都不接受他的托词。安妮女王看到再也没有办法维护他了，便将约翰·丘吉尔解职了。不久，英国和法国签订了《乌德勒支和约》。

约翰·丘吉尔晚年时，又被牵扯进了一些非法获利事件中。据调查，他在当禁卫军上校时，曾经在军团中寄售衬衫并获利。军人们对于这个发现感到非常愤怒，几乎发生暴动。紧接着，约翰·丘吉尔的女婿苏什兰伯爵在南海骗局中受到了申斥。每一桩不光彩的事件都有约翰·丘吉尔的参与，然而他的财富保全了他的名誉。约翰·丘吉尔晚年时，每年的进款达12万英镑。照当时的利率算，不算他的宫殿，他的产业合计价值约为200万英镑，同时代的人认为他是当时欧洲最富有的人。

约翰·丘吉尔的事迹可以说是举世无双的。约翰·丘吉尔这样的对于每一个可以获利的机会都不肯放过的军人和大臣，在17世纪和18世纪时有很多。一般统治者认为他们的将军过着一种大领主的生活是非常自然的。腓特烈大帝（普鲁士国王，1740—1786年在位，著名的铁腕统治者）绝不是一个慷慨的人，他在《死者间的对话》里写下的约翰·丘吉尔和欧根亲王在阴间关于声名变化的谈话引人深思。书中的约翰·丘吉尔说出了下面的话，希望免除他贪利的罪过："这是任何总司令应得的合法的报酬；任何人在我的地位上都会这样做，也许还要过分。"

拿破仑的战争

法国大革命并没有产生重大的演变。一些在拿破仑时代崛起的新式军人对财富虎视眈眈。对拿破仑而言，虽然最初名誉对他的诱惑比金钱大，但他对于金钱也并不轻视。意大利之战[①]结束后，军人们做出了同以前一样的劫夺战利品的举动。一般士兵和低级军官只得到了很小一部分报酬，而将军们被调遣到了瑞士，以使他们取得的财富得到更好的保障。

① 意大利之战：拿破仑指挥法军于1796—1797年在意大利北部对奥地利和撒丁联军实施的一系列进攻作战行动。

拿破仑的加冕礼

拿破仑是法国著名军事家、政治家。他于1799—1804年担任法兰西第一共和国第一执政，于1804年称帝，建立了庞大的法兰西第一帝国。他率领联军横扫欧洲大陆，多次挫败反法同盟。

远征埃及以后，拿破仑设法避免这种冲突。他再三警告他们不要做出任何劫掠行为。他说，凡是想要发财的士兵，都是违反拿破仑执政与中央集权精神的。他作为总司令、皇帝，会给他们每一个人应得的报酬。他慷慨地补偿着所有下属的损失，酬谢着所有他们所做的额外的工作。由执政者决定酬谢的原则是有先例的，但以前往往是和别的战争利益混在一起的。现在分开了，就使拿破仑的将军们有了获取庞大利益的基础。

拿破仑信守着他说过的话，他在掌握大权之后，慷慨地在军人之中分配尊号和财富。普鲁士之战得胜后，军人们所得到的报酬非常多。丹泽之战后，他封勒费弗尔大将（1805年爆发第三次反法战争，弗朗索瓦·约瑟夫·勒费弗尔攻陷了敌军的要塞）为公爵。为了与他的新爵位相称，拿破仑赏赐给他一座宫殿和若干土地，每年可获利10万里弗尔。

1807年，拿破仑回到枫丹白露宫后，进行过一次总分配。他把极大一部分被征服领土上的产业分配给了下属：在意大利，有3 000万法郎的财富；在波兰，有2 000万法郎的财富；在威斯特伐利亚（现为德国的一个州），有五六百万法郎的财富。这位皇帝手头有了充足的资金，大量地酬谢了那些有战功的人：将1 200万法郎分配给普通士兵；将600万法郎分配给中层军官；将军们所得到的财富，则每人不下1 100万法郎。

这种分配形式形成了一个金字塔结构。普通将军的薪俸是每年5万法郎，高级将军则是15万法郎。至于大将，他们中年薪最低的是奥日罗，约有17.2万法郎。其他人，如玛森那有18.3万法郎，摩尔提埃和奈伊各约20万法郎，柏那多脱、苏尔特和兰尼有将近30万法郎，拿破仑的参谋长贝尔蒂埃有40.5万法郎，在奥厄斯达特战中取得胜利的达伏为41万法郎。除了波拿巴家族成员外，达伏拥有全国最高的年薪。司法部部长、财政部部长的年薪仅为20万法郎，警察厅长孚舍和财政改革者莫里恩的年薪只有四五万法郎。

报酬是严格按等级分配的。在某一次分配中，将军每人得10万法郎，多数大将得20万~30万法郎，贝尔蒂埃得50万法郎，兰尼得100万法郎。兰尼是马夫的儿子，这时已升为蒙脱培罗公爵。两个波兰军官萨雄希克和董勃罗夫斯基，所得到的就像那些被宠幸的大将一样多，都突然成了富翁。

拿破仑帝国逐渐扩大，他也变得越来越慷慨。大将们的薪俸有的翻1倍，有的甚至是原来的3倍：玛森那的年薪达到68.3万法郎；奈伊的年薪为72.8万法郎；达伏的年薪是91万法郎；贝尔蒂埃的年薪超过了100万法郎；纳沙泰尔亲王身兼数职，他可获得总共135.5万法郎的年薪。文官们的薪俸也增加了，特别是一些外交官。泰兰伦特的年薪特别高，达80万法郎。这是为了让他可以更好地与外国交流，在外交上给对方留一个好的印象。

不过，这样的酬劳不见得会使官员们感到满足。玛森那因为没有与缪拉（拿破仑的妹夫，军事家）、柏那多脱一样得到一个王位而感到不满。缪拉因为自己只做了那不勒斯王，统治500万人民，没有做成统治1 300万人民的西班牙王而发出了怨言。柏那多脱虽然做了瑞典王，然而他还是背叛了拿破仑，投靠了敌人。拿破仑第一次退位时，他的权势似乎完全丧失了，他的大将们的忠心一点也不像他们曾经从拿破仑手里得到的酬报那样多，许多得到高报酬的人也像其他人一样轻易地背叛了他。在政界，金钱的力量似乎只能束缚那些希望得到更多报酬的人。当拿破仑发觉失策时，已经迟了。在被放逐的时期，他只要一想到那些曾经受过他财物赠予的属员正过着自由自在的生活，便不胜悲痛。

在20年中，拿破仑积聚了极大一笔财产。他每年的收入为2 500万法郎，他会把1 200万~1 500万法郎存起来。他在第一次退位时，还有1 800万法郎，但其中大部分被新政府没收了。他被流放到圣赫勒拿岛时，财产只剩下为数不多的金币和纸币，约值500万法郎，他把这些钱私下交给了银行家雅克·拉菲特。他自己只带了35万法郎，还有一些银器。在穷困的岁月里，拿破仑不得不把这些东西变卖掉。拿破仑存在雅克·拉菲特那里的资金被一直保存，但其他产业都被法国政府扣押了，他的将军们的产业却都丝毫未损。

阿瑟·韦尔斯利

在这些战争中，所得利益最大、维持时间最长久的，不是拿破仑的将军们，而是他们的敌人。最终打败拿破仑的阿瑟·韦尔斯利（即威灵顿公爵），同时收获了金钱、声望和权力。他出身于爱兰尔的贵族家庭，家里并不特别富有。他的哥哥曾任印度总督，少年时他便在那里当军官。

阿瑟·韦尔斯利在西班牙和葡萄牙指挥的军队，很像三十年战争中的军队，是由各个国家的人组成的，军官大都很富有，出身于条件较好的家庭。

阿瑟·韦尔斯利并不像一般穷苦的军官一样，他不必依靠俸禄而活。他虽然并不是一个旧式的“军事企业家”，但有时也不得不干预军队的财政。伦敦的钱款常常不能依例送到，这时他就会被牵扯进一些复杂的债务中。阿瑟·韦尔斯利会用威胁和斥责来期望取得钱款充作军费，他和英国政府交涉时常用的话是：如果你们没有钱打仗，那么最好就不要打仗。

英国政府对这位总司令非常感激，不仅给了他爵位，还给了他金钱方面的馈赠。最初他在战争中取得胜利后，政府送给了他50万英镑。滑铁卢战役后，经国会投票，英国政府决定送给他20万英镑。此外，他从荷兰国王那里还得到了一些大的产业。

阿瑟·韦尔斯利

阿瑟·韦尔斯利（1769—1852），第一代威灵顿公爵，英国政治家、军事家，曾任英国首相。他在对印度的殖民战争中屡次获胜，名声大噪；在西班牙半岛战争中击败拿破仑率领的法军；拿破仑从第一次的流亡地潜回法国后，他联合普鲁士军队在滑铁卢击败拿破仑，终结了法兰西第一帝国。

总共算下来，他所得到的钱财超过了100万英镑，因此他比拿破仑的大将们所获的收益要多。此外，“拿破仑的征服者”的声誉使他获得了极大的政治权威，除他之外，现代英国历史上无一人能享受到类似的权威。

普鲁士的将军们却没有得到这样的收益。总司令布吕歇尔和首相哈登堡都被授予世袭亲王，但他们在物质上的收获少极了，因此他们的儿子都放弃爵位的继承，他们认为自己的财产太少，都不能维持一个亲王的生活水平。直至后来，布吕歇尔的孙子娶了一个有钱的妻子，才重新要求恢复爵位，布吕歇尔家族再度成为贵族。

俾斯麦请求恩赏

馈赠制度在拿破仑时代得到了充分发展，在19世纪普遍盛行。最普遍的情形是在战争结束的时候，胜利方的军人会得到财物酬劳，在有些情形下，他们会得到超过他们俸禄的特殊年金。

在一些君主专制国家里，得胜的军人有时能够得到一些拿破仑式的恩惠。例如，沙皇尼古拉一世将波斯所付出的8 000万卢布赔款的一部分，用于酬谢征服外高加索的派斯基维契将军。拿破仑三世虽迫切期望恢复法兰西帝国的荣光，不过在酬谢大将方面，却远不如他叔父慷慨。

然而这是完全符合时代精神的，因为通过实行强制兵役的制度已经组建了庞大的全国军队，公众舆论风向也转变了。人们普遍的观念是，在战争的时候，人人都该应召履行义务。既然一个将军所受战争的危险和困苦较少，为什么反而应该得到这样一种特殊的恩惠呢？千万兵士牺牲了他们平民的生活，被武装起来，为什么将军就应该变成一个富翁从战场上回来呢？这种思想开始影响公众舆论，于是馈赠军人财物的制度便渐渐不能跟以前相比了。

此外，还有另一个因素，它的影响是比较直接的，即现在的一些君主和政府已不能再像以前那样轻易地使用金钱了，一国的预算是非常精确地预先制定了的。在大多数国家里，国会对于此项用途有认可和否决的权力。因此，在发放恩赏之时，政府就必须起草立法草案，甚至还要准备应对公众的舆论。这对于实行旧式的厚赠，是一个严重的障碍。

这种困难在俾斯麦在位时第一次表现出来。俾斯麦对于他自己的权威固然非常自信，但在银钱问题上，他是一个热诚而保守的普鲁士官僚，非常尊重合法的形式。

1866年，在普鲁士战胜奥地利后，普鲁士国王便预备酬谢立功的军人，俾斯麦觉得这个问题必须交由国会批准。但这件事使他感到特别不快，因为他当时和国会发生过一次激烈的争执，现在他却需要请求国会批准，况且这是他自己所要接受的一笔馈赠。

俾斯麦戎装像

俾斯麦（1815—1898），德意志帝国第一任首相，其在任普鲁士王国首相期间，通过几次王朝战争，相继战胜阻碍德意志统一的国家，最终完成了德意志民族的统一。

当时全国上下都处于凯旋的兴奋之中，一切进展得很顺利。普鲁士国会批准了150万塔勒（约合37万英镑），任凭国王支配。详细分配情形当时并未公布，直至后来才为人所知。俾斯麦得到40万塔勒，他用这些钱买了四处产业，其余恩赏则分配给了罗恩、莫尔克、弼登菲尔特、斯坦梅支和法尔根斯坦几个将军。

1870年后又有一次同样的安排，不过规模较大。这次分派的数目是400万塔勒。1871年4月，这时条约尚未明确签订，战争赔款也未确定，但俾斯麦向国会提出了恩赏的要求。当时在他的演说中阐明了自从拿破仑战争以来德国情形的变迁。他用一种不常用的冗长而热情的格调，设法给他的听众解释这是一个符合他们君主意志的问题——“一个皇帝要求你们同意他宽宏而多多赠予的行为”。

德国军队的普通士卒，虽然像拿破仑时期的军人一样，并没有得到什么，但赠予将军们的数百万塔勒，却被视为一种可以激发普通士兵热情的方式，因为从理论上讲，他们也可以达到将军的级别。在100年之中，的确有少数将军是从低级军官晋升上来的。

俾斯麦进而要求，把这些酬劳作为教育后世的一种手段。他说：“如果一项事业没有完成，而士兵已衰老，他自己时常想着：我还没有达到目的啊！那么他依旧可以希望他的儿子在本国立下一些特殊的功勋，从而得到皇上现在所要求你们批准的恩赏。”

国会答应了俾斯麦动人的请求，他们通过了这笔恩赏，于是德皇威廉一世便把400万塔勒分给了他认为合适的27个将军。这次俾斯麦得到了一笔特殊的报酬，德皇希望把亲王的爵位颁给他，最初他拒绝了，因为他认为他的财力还不足以维持这样的地位。可是他的财产极大地增加了，通过多次处理行政上复杂的事务，他受赐得到了萨克斯森林——一处占地18 000亩的产业，此外还有一座价值700万马克的宫殿。

在俾斯麦时代普鲁士的战争中，有些军人虽然发了财，但通过他们致富的方式我们可以看到，真正的战争利益已经减少了。战争的利益已不再像以前那样自然地落入胜利的军人手里，军人必须用甜言蜜语或是其他方式，从一些负有监督国家财政职能的组织手里取来。军人靠军功发财已经为舆论所不容，被认为是不道德的，且必须用各种手段来调和。

弗兰克·斯坦哈特

在帝国主义时期，虽然经济利益占据最大优势，人们毫不迟疑地利用开拓殖民地的机会来增加财富，但公众认为负责开拓殖民地的军人绝不能占有任何战利品。即使在17世纪，殖民地军人也是商人的“仆人”。如果前者是军事战争上的胜利者，后者便是经济上的胜利者。在19世纪末期，这种现象格外明显。

在帝国主义事业之中，商人是开展工作的先锋。他们会进入一些尚不属于任何大国的国家。商人们的商业活动有了一定发展后，帝国主义国家政府便会派遣一支远征军，用以“保护国民的私人利益”。不论是英国军队征服阿非利卡人①，以取得南非金矿和金刚石矿的开采权，还是美国派遣军队到墨西哥，以保护美国煤油巨子，反对革命政府的干涉，统率军队的海陆军大将，都是超乎经济之外的。他们跟处在危险中的商业活动的关系，正像警察和他们所保卫的珠宝商的店铺一样，是疏远的。他们得到了应得的俸禄，有时还有一笔额外的恩赏，以嘉奖他们特殊的工作。但无论是俸禄还是恩赏，都和这次战争所夺得的财富没有关系。

有时海外远征的指挥者，会在一个殖民地公司中得到一个董事等职位作为间接报酬，这种办法在十七八世纪时已有，迪盖·特鲁安就是一个例子。在他之后的200年里，我们看到德皇威廉二世的许多殖民地将军在德国的非洲殖民地公司中担任着董事，但这种职位通常不会带来很多利益。另一方面，一些年轻军人早年退伍，利用他们在殖民地战争中收获的经验发了财。这在比利时人和荷兰人中最普遍。然而在这样的情形下所得的财产，很难算作战争利益。

在美国的海陆军中，偶尔可以看到在军人和商人之间存在密切关系。有时一些驻扎在中美洲地区军队中的军官，被聘请处理本国金融和商业事务，海地

---

① 阿非利卡人：旧称“布尔人”，南非和纳米比亚的白人种族之一，是17至19世纪最早进入南非的荷兰、法国、德国等国移民的后裔。

和多米尼加等国的情形就是如此。这一种职位，本身的确不足以发财，但军人可以得到机会借此发展事业、赚大钱，这是每一个美国人所希望的。

美国人弗兰克·斯坦哈特的事业就是这样的例子。他借助美西战争的机会，渐渐由非委任军官变成了古巴最大的富翁。斯坦哈特生于德国，少年时加入美国军队。他的擢升速度很快，1898年时成为勃洛克将军的总参谋，跟随其到波多黎各，后来又去了古巴。他们驻扎在哈瓦那，在勃洛克将军的统治之下，斯坦哈特担任司法行政之职。

斯坦哈特的职位非常重要：每一个请求、每一个诉讼都要经由他的办事处。他的军阶虽然不高，但不久后他在美国军队中就被视为古巴通。美国陆军部部长任命他为陆军部特派专员。这就是说，在军事占领时期，他在这个岛上拥有最大的势力。军事占领时期过后，斯坦哈特继续担任着许多与以前同样性质的职务，这时他已是美国总领事了。

美西战争结束后，开始了一段残酷斗争的时期。应斯坦哈特的请求，美国政府在1906年派出了一支新的远征军。在大炮掩护之下，远征军对古巴这个富饶国家的经济征服最终完成了。斯坦哈特开始了收获之旅。他受马贡将军所派，负责发展电气事业，这是古巴最有前途的事业。随后古巴最重要的电气厂创立了，它的领导者就是弗兰克·斯坦哈特，他是这个电气厂的大股东，兼任总经理。

依托这个公司，斯坦哈特不久后又经营起别的事业。他变成了古巴若干主要保险公司的总经理，一家酿酒厂也在他的控制之下。他得到了一些最有价值的土地，还从事运输事业，是一家造船厂的拥有者。他当起纽约银行家斯贝叶公司的经纪人，为本地农业安排了大批借款。

美国投资古巴约15亿美元，其中大部分由他经手。他的财产，有一段时期估值达数千万美元。我们虽然不能认为这些都是直接的战争收益，然而我们必须承认，没有战争，弗兰克·斯坦哈特绝不可能成为富豪。

第一次世界大战的报酬

一些例外不能改变帝国主义时期军人所得甚微的事实。一些人对得胜的军人表现出极大的敬仰，但公众舆论对于他们从战争中取利始终表示反对。像一国任何其他雇员一样，一名军人也应该有退休金。除此之外，他所应得的只能是荣誉，不能是金钱——这是为公共道德所认可的。

第一次世界大战后，大多数将军所得到的荣誉，没有从前的将军多了。在奥匈帝国和英国军队中，政府依旧把爵位授予少数军人。德皇（威廉二世，德意志皇帝）虽然一直非常喜欢把荣誉爵位授予他人，但不得不进行严格限制。德国将军取得军事上的胜利后，已经不能得到被授予伯爵或亲王的恩赏了。

埃里希·冯·鲁登道夫①在与俄国议和之后，依旧是一个平民。德皇似乎非常渴望证明他对于民主政治的尊重，极力避免擢升他的大将，而这些将军都是在第一次世界大战中产生的最有能力的军事人才。

特别是在阶级矛盾尖锐的国家，政府极力避免赠予将军们房产或现金。只有英国还维持着旧时的制度。战争还在进行的时候，哲里可军上将被封为贵族，并被赠予5万英镑。战争之后，英皇给予了大批恩赏：海格得10万英镑，阿仑培得5万英镑，柏鲁墨得3万英镑，劳勃生和柏德乌德各得1万英镑。除了金钱恩赏，他们还顺带得到了封号。然而与以前相比，即使在英国，这种报酬也明显减少了。与之相反，政治家没有一人得到恩赏。

在一些情形中，有人得到了特别的酬劳。如劳合·乔治（英国政治家，于1916—1922年领导战时内阁）退休时，从卡耐基基金会得到了一笔2 000英镑的年金。第一次世界大战后的几年，海格得到了一笔30万英镑的捐款，使他重新

① 埃里希·冯·鲁登道夫：德意志第二帝国将军，第一次世界大战爆发后被调往东线任第八集团军参谋长，协助兴登堡作战。凡尔登战役后，其升任陆军军需总监，和陆军总参谋长兴登堡一道成为军事独裁者。

得到了位于皮默沙特的祖宅。

奇怪的是，当时得到这种报酬最多的却不是胜利者，而是一个失败者。这个人就是保罗·冯·兴登堡[①]。我们固然很难断然地把他在第一次世界大战后九年（那时他是共和国总统）——在他80岁大寿时所得到的荣誉，列入从战争中收获的利益，然而他暮年时的政治事业，完全是他当总司令时得到的声誉赋予的。

当时民众凑集捐给他的“兴登堡赈款”，共有700万马克。根据他的意愿，这笔款项大部分被送给了一些战争中牺牲者的亲属，剩下的用于买回他家在东普鲁士的旧宅。之后，兴登堡以他儿子的名义呈报土地登记，并特别注明，这是私人产业。

这次的馈赠引发了一些意外事件。当他们把这处产业重新修葺，开始“耕种”，费用却是兴登堡家所无力担负的。1932年秋，政府又额外捐了50万马克，送给兴登堡家。兴登堡家的产业最终被牵连进东省救济金的丑事里。这笔政府补助金的处理，似乎有很多可疑之处，易北河以东的贵公子们曾因此得到了很大的利益。

公众对兴登堡家乡邻朋的行为提出了极大的非议。国会便指定了一个调查委员会，这是德国国会的最后一个活动。关于这个问题的辩论，不免间接或直接地牵连到兴登堡的产业，兴登堡之所以罢黜施莱谢尔而召希特勒组织政府，这便是其中的一个原因。因此，这最后一笔送给第一次世界大战军人的报酬，除了具有金融上的意义之外，还引起了具有历史意义的政治反响。

---

① 保罗·冯·兴登堡：德国政治家、军事家，第一次世界大战爆发后升任德意志第二帝国陆军总参谋长，掌握帝国军事最高权力，1925年当选魏玛共和国总统。

军事利益的减少

从第一次世界大战后军人所得利益的角度看，军事利益已经发生了明显的变化。与庞大的战争费用相比，少数军人得到的钱款真是微不足道。在古时候，分配战利品的时候，将军总是在最前面，军队和国家所能分到的，都得视他们的意见而定，有时他们缴出的只是很小的一部分。在中世纪和专制君主统治的数百年中，大多数在战争中取胜的军人所保留的战利品，往往能够使他们跻身巨富行列。直至19世纪，情形发生巨变，胜利的军人中只有少数幸运的才能得到一点东西，却也说不上是财产。更普遍的情况是，最终他们所得到的只是一笔养老金，他们可以借此过上一种安逸的生活，说不上富有。

造成军事战争利益减少的原因有三。

第一，直接以劫掠为目标的战争已经消失了。这并不是说现在完全没有劫掠现象存在。不过现代军事技术的发展趋势是逐渐把它减少，其目的是破坏而不掳掠。在第一次世界大战中，双方军队在被蹂躏破毁的区域里，遥遥相持，积年累月，其实军队已经没有什么可拿的东西了。人口稠密的地方一旦变为废墟，居民便没有了可被征用的财富。从空军迅速发展的角度来来看，我们可以肯定，第二次世界大战的破坏，比之前更为严重。

第二，军事组织机构不断完善。这个原因与第一个原因相比，对于军人的限制更严厉。过去一些幸运的军人所享有的经济自由，现在已经完全消失了。现在一个军人要想采取什么手段来获取经济利益，是非常困难的。

第三，伦理观念不允许。自从实行强制服役制度之后，符合条件的人都有为国家牺牲生命的义务，一个军事领袖想把战争作为自己发财的途径，这在一般民众看来是不应当的。

像苏俄[①]的工程师一样，如今的将军已经不被视为一个专家了。他有适当

① 苏俄：1917年11月7日，列宁领导的十月革命取得胜利，建立了世界上第一个社会主义国家政权——俄罗斯苏维埃联邦社会主义共和国，简称苏俄。

的荣誉做报酬。在大多数情形下，他会得到一些红利，用来嘉奖他所做的特殊贡献，但这种红利与潜藏在战争背后的经济要素是毫无关系的。他可以对他所获得的声誉以及这种声誉给他带来的历史地位表示满意，或者他可以利用这种地位取得政治上的权力，就像在德国、波兰和土耳其的情形一样。不过他若希望把他军事上的功绩转换成金钱，就和公众舆论发生了冲突。一个以战争取利的军人，是与20世纪的舆论不相容的。

Chapter 2

第二章

金融家

金钱与权力

银行家，是拥有存款的人和需要使用这些存款的人的中间介绍人。借款人的需求越迫切，对于借出钱款的人以及居间介绍的人，所付出的报酬越大。在战争时期，政府对于金钱的需求格外强烈，于是一些银行家得到了机会。在过去的500年[①]中，所有战争都会带来金融上获取极大利益的机会，有时这也是造成金融上极大损失的原因。

不过，一些在资本主义社会前期战争中供给金钱的人，特别是那些曾经把他们的活动从地中海东部沿岸扩展到英国的意大利人，虽然时常被称为银行家，但他们和现代银行家的性质不同。他们不像现代银行家那样运用客户储存的钱款，而是通常用他们自己积聚的或是从祖上承袭的财产来经营，他们以很高的利率出借。因此，投资战争的人大都很富有，一直到17世纪，情形还是如此。

当他们同意资助战争时，这些富有的债主，往往并不在利息上斤斤计较。在这方面，他们常顺从统治者的意愿。他们因此能得到一些特权作为报酬，如矿产开发权、商业或运输的垄断权等，这些特权可以转化为商业上的利益。有时他们甚至可得到征收某种税款的权力，作为他们借款的担保。因此，这种借款本身虽然具有危险性，往往不能得到很多利息，但是间接的收益很大。

可是通常来说，借款的君主不大喜欢这种借钱办法，因为负担太重，国

① 以作者创作年代为起点，即从20世纪30年代往前推。后文中类似的时间叙述也以此为时间起点。

库收入也会受到严重的影响。众所周知，君主应该自己创造财富，不能依赖他人，不然君主的权力就不能称为绝对无限。另外，他们需要数目不断增加的金钱，以在战争之间的和平时期内，支付常备军队所需要的经费。奥蒙脱谷可里将军曾说："战争需要金钱，更多的金钱，再多的金钱。"

自15世纪后半叶以来，一些投机政治家，曾设法替国家谋求一些新的生财之道。只要是值得试行的，再怎么强横、大胆、古怪的手段，他们都试过了。政府参与到了商业和工业活动中，政治家们开始经营生产、销售等事业。但这还不足以应付海陆军的经费，即使在和平时期，军费需求也占了全部国家年收入的三分之二或四分之三。后来银行设立了，它们的职能就是借款给国家，补充军备和战争所需的费用。

从这一步到真正地创造财富只差一步，不久后这一步也实现了。降低铸币中所含的金银，这种手段是旧时常用的，但一些思想比较进步的人，认为这种手段陈腐且不合理。苏格兰人约翰·劳（英国经济学家）提出了一种有效率的手段。他建议印发纸币，以假定的殖民地财源为担保。这种纸币可以作为货币，因此，不必费很大力气，国库就可以充实起来了。最初这个大胆的想法只在巴黎和伦敦两地实行。同时，虽然经过了多次失败，但在欧洲十余个都城之中，统治者们依旧还在计划以化学手段制造黄金。在一些正在开展工作的冶金家中，有一个名叫罗吉洛的骗子。他不但从巴伐利亚选帝侯那里预支了数十万弗罗林，不久还在这个军教政体中得到了一个高级的职位。

秘密制造金银的工作，最后失败了，因此一些如梦初醒的统治者，不得不改变方针，从一些银行家处借入他们所需要的借款。不过这种交易的性质略有不同，与统治者打交道的银行家，已不再是那些最富有的人了，许多统治者喜欢和一些小钱庄的所有者或其他并没有太多财富的经纪人往来。不论他们的地位多么低，但只要他们知道在什么地方或用什么方法取得财物，就能得到统治者的青睐。

在这样的情形下，出现了所谓的宫廷犹太人（指欧洲中世纪时的犹太银行家，其通过将钱或实物租借给欧洲皇室贵族并收取利息，换取政治特权和地位，从而成为犹太人中的特权阶级，故被称作宫廷犹太人）。这种人虽然在犹太人居住区过着被歧视的生活，但在努力经营着各种事业。在大多数情况下，统治者并不是他们的顾客，而是他们的雇主。他们的责任是处置一切庞杂的事务，其中大部分具有商业性质，目的在于充盈国库。如果统治者偶然有了余款，就由他们负责投资。这些经纪人往往因为接近统治者，有时会被委托处理国家财政，但他们并不因此放弃其他商业活动。他们的主要收入来源于佣金。

150年来，这种银行家，或说得准确些，这种政府的经纪人，在战事财政中占据了重要的地位。其中的多数人，只要不被罢黜，就能发财，最后自己做了放款人，甚至放款给统治者。其中一些人，像瓦敦堡查理·亚历山大的财政顾问犹太人苏士·奥本希默，因古怪的性格或悲惨的命运，在历史上占据了一定的地位。很少有人因拥有庞大的财富或在经济上特别成功，而得到了比以前高的地位。

在拿破仑时代，一个类似这种政府小掮客的后代，获得了格外突出的地位，这个人所在的家族就是罗斯柴尔德家族（世界上久负盛名的金融家族）。在拿破仑战争中积聚的财富使罗斯柴尔德家族收获了一笔世界范围内罕见的庞大财产。

梅耶·罗斯柴尔德[①]最初是一个新式的银行家。在文艺复兴时期，他在本国和国际事业中成了一个权威人物，不再是一个专靠佣金生存的被雇佣的经纪人了。从他和国家的关系来看，他可以被视为一个同盟者。他独立活动着，他的决定往往变成了最后的决断。他的意志足以决定战争能否爆发、持续以及结束，这样的状态一直持续到了19世纪后半叶。这时大的合资银行开始代替一般私人银行的地位。但当这种变化最后实现时，却是有名无实的，因为一些私人银行家此时已经占据了重要的地位，可以支配一些极为重要的金融组织。

---

① 梅耶·罗斯柴尔德：德国犹太人，罗斯柴尔德家族的创始人，被誉为“国际金融之父”。

第一次世界大战的经验表明，在非常严峻的形势下，单是一个大银行（私人银行姑且不论）很难满足一个国家庞大的财政需求。社会环境已经完全不同，国家必须能够筹集所需的金钱。国家会以各种不同名义（国库公债、流通纸币、战时借款等）筹集大量钱款，唯一的目的就是购买军需品。这种大量的借款是绝不能在一个有限的范围内筹集到的。现在一切财源都得尽量争取，社会各阶级都应捐款。有时的确会采用一种比较惯用的处置方式，即由一个银行机构居中介绍，发出一笔借款。但在大多数情况下，政府就是它自己的银行。银行的地位已不再像十七、十八世纪时的地位一样了。

只有美国例外，摩根依旧是一个旧式的、伟大的、有权威的金融家，并且像罗斯柴尔德家族一样，他为协约国提供了极有价值的服务。不过，只有在美国维持中立的时候，摩根才享有这种权力。美国宣布参战后，政府就出面干涉了。

这就是历史上战争金融演变的过程。有时，金融家辗转于各种财富之间，获得了高贵的地位；有时，我们会看到他们在政府中奴颜婢膝，接着便退到幕后去了。

佛罗伦萨的银行家

1345年，佛罗伦萨[①]爆发了大恐慌。巴地和培罗齐的银行，连续借给了英格兰国王若干借款，借款越积越多，都充作军费了。在百年战争[②]初期，英格兰国王爱德华三世停止偿还，于是佛罗伦萨人便亏了一大笔钱款，共有135.5万

① 佛罗伦萨：意大利城市，是欧洲历史文化名城，欧洲文艺复兴运动的发源地、中心。

② 百年战争：指英格兰、法兰西以及后来加入的勃艮第，于1337—1453年间发生的战争，是世界上持续时间最长的战争，断断续续进行了116年，最终法国获得胜利，但参战方都损失惨重。

弗罗林，约合400万英镑。他们破产了，还连累了许多佛罗伦萨的企业。佛罗伦萨银行家从借给法国国王和英格兰国王的借款中，究竟得到了多少利益呢?

和以上庞大的数目比起来，美第奇家族（1434—1737年掌控佛罗伦萨的家族，是意大利最著名的银行家族）的借款数目是比较小的。15世纪初，他们借给了巴拉丁领地之王罗柏脱6万弗罗林，用于开展反对米兰的战争。这次战争不幸失败，但这笔借款是以佛罗伦萨城为担保的。不久以后，他们和教皇发生了金融合作关系，做了教皇的战时与和平时期的银行家（当时家族首领是科西莫·迪·乔凡尼·德·美第奇，曾代表美第奇银行接管教皇的财政）。后来，他们家族中的两人担任了教皇之职。在这个时期，教皇最具金融权威。当时，教皇将其一部分产业的管理权委托给了美第奇银行，但大多数时候要求其借款援助。教皇向美第奇银行所借的款项，有时竟达25万弗罗林。按照当时的习惯，借款通常以征收某项税款做担保，但有时也授予出借人商业和开矿的特权。

几代美第奇家族成员都曾与英国国王和勃艮第①公爵做交易，但有些不是很顺利，如英格兰国王爱德华四世就赖掉了美第奇家族5万余弗罗林。但他们的投资是比较谨慎的，一笔赖账并不足以使他们因此破产。一直以来，美第奇家族的财产使其一直保持着政治银行家的安定地位。15世纪时，美第奇家族的一些重要成员，每人都遗留下了约25万弗罗林，约合现在的65万英镑。他们用于兴建公共建筑和慈善工作的金钱数目，是这个数目的几倍。

雅克·科尔

法国国王查理七世时的财政部部长——法国大银行家雅克·科尔，对于商

① 勃艮第：于9—15世纪存在的一个西欧公国，一度属于法兰西王国，曾参与英格兰和法兰西的百年战争。

业活动与军事借款，产生了极大的影响。雅克·科尔拥有数额巨大的财产，其中大半是从与东方通商（他在国外组织的办事处约有300处）和办理王室铸币中得来的。关于他的财产我们现在没有可以用以计算的根据，但我们知道，他曾拿出大宗款项，供查理七世调度。1449年，他借给查理七世数额庞大的钱款，支持他征服诺曼底；1450年，他又拿出6万里弗（10万多英镑），资助查理七世围攻瑟堡（法国北部港口城市）。

雅克·科尔画像

法国商人，曾主管法国国王查理七世的财务，凭借巨大财力从事各种贸易活动，建立了庞大的商业帝国。他还借款给王公贵族，是百年战争后法国崛起的商业精神的代表人物。

同时，他借款给贵族与朝臣。这些人欠了他的债却没有能力偿还，于是想合谋扳倒他。在一次对他的控诉中，他被指控在本国与敌对国家作战时，供给敌人金钱、军火。之后，雅克·科尔的财产被全部没收，并被判处3年有期徒刑，最终他在朋友的帮助下逃到了意大利。

由于教皇信任雅克·科尔，后来他再次受到重用。1456年，他受教皇派遣，率领一支海军攻打土耳其，死于中途。当时他已不再是法国的富有者了，但也不怎么穷困，之前他大部分被没收的产业在路易十一时期又回到了他的子孙手中。

孚格家族的权势

若干年后，德国诞生了一个与雅克·科尔相似的人物，即雅各布·孚格（历史上最富有的人之一，著名的银行家）。孚格是一个大国际集团的创办人，业务遍布半个地球。孚格担任着获利非常多的管理铸币工作的职务，并且像雅克·科尔一样，他也是一个与政府打交道的银行家和战时的大金融家。

雅各布·孚格能成为一个政治金融家，和阿柯度柯·西吉斯蒙特大公与威尼斯的战争有关。西吉斯蒙特战败，应支付一笔数额极大的赔款，但他的钱不够。这时的孚格实在算不上金融界的大人物，但他把这个问题扛了下来。他得到了蒂罗尔的铜矿和银矿作为报酬。他把矿产银与铜卖到了威尼斯、米兰和罗马等地，其余大部分则换成军火。他因此获得了极大收益，不久后就可以提供更多的借款了。这样的交易对于蒂罗尔人显然非常不利，但他们不怪孚格，只怪他们的统治者，他们认为统治者应该对他们的不幸负责，于是驱逐了皇帝，把皇位交给了皇帝的儿子。后者在父亲于1493年去世后，被称为马克西米利安一世（神圣罗马帝国皇帝）。

他们的新主勇猛好战，人民的税赋比之前更重。忠顺的百姓并不能满足这位新统治者所有的需要，于是孚格又活跃起来，给他提供了大批借款。这使他能够重新雇用以前所雇用的外国军队，并供给他们军备。孚格的帮助使他与瑞士、威尼斯和法国间的战争得到了保障。通过所有这些借款，孚格又得到了一些蒂罗尔矿产的开采权，几年之间，孚格就赚了40万弗罗林。

孚格凭借德皇的银行家身份所得到的特权，在意大利北部成功开设分行，就这样到了罗马。教皇尤利乌二世是一个天性好战的人，他自己指挥教皇的军队，需要大量金钱以购买军械和投入到建筑事业上，孚格乘机和他做起交易。孚格在罗马的银行，一方面提供借款，充作瑞士卫队征兵的经费，另一方面又借款给教皇，充作扩充教皇军队的费用。下一任教皇利奥十世是美第奇家族成员，孚格和他的关系格外密切。孚格租下了教皇的造币厂，充当了教会的银行家，并且得到了非常稳固的地位。

孚格身兼皇帝和教皇两方的银行家，经历了世界历史上的两个重大事件。孚格曾出资创立了一个出卖教会赎罪券的组织。这种以赎罪券换取现款的做法是马丁·路德在他的95篇论文中禁止的（95篇论文的发表成为宗教改革运动的起点）。两年后，他又接济年轻的西班牙王查理五世竞争皇位。查理五世的劲敌是法国的弗朗西斯一世。查理五世要想获得这次选举的胜利，需要贿赂每个选举人。这个代价为85.2万弗罗林，其中孚格供给53.4万弗罗林（约为200万英镑）。

这位新皇帝（当时的称号是查理五世）是一个出色的政治家兼天才军事领袖，并且像其他大多数统治者一样，不是一个容易相处的债务人。经过孚格几年的追讨，他的借款才算清偿。孚格最终得到了很丰厚的利益，包括在西班牙的一些重要的特权。

当这笔债务了结之后，孚格又资助查理五世的所有军事活动。他借给查理五世镇压农民叛乱所需的款项——这次的举动当然是非常有把握的。他曾资助查理五世帝国发动防御土耳其的战争，还曾供给政府军备，但最重要的是在对法战争之中他曾作为皇帝的银行家。德国和西班牙军队在巴维亚取得大胜，弗朗西斯一世被俘，如果没有孚格的金钱和军备的供给，当然是做不到的。对于这一次的债务，查理五世以那不勒斯的财政岁入做了他的担保，在那时候，那不勒斯是属于西班牙的。

从古罗马时代一直到19世纪，即直至罗斯柴尔德家族兴起时，没有一个从事军事与政治事业的人或家族，曾聚积起一笔与孚格所获金额相等的财产。单是在1511—1527年间，即孚格家族从事政治活动最积极的时期，他们的财产就增加了10倍，从20万弗罗林增至200万弗罗林（折合650多万英镑）。其中的75万弗罗林属于雅各布·孚格，其余属于家族其他人。财产至第二代时，就更多了，1546年时达到最高峰470万弗罗林。

就像大多数通过政治手段得到的财产一样，孚格家族的财产也因为政治演变而不断丧失。16世纪后半叶，西班牙国运衰落以及政府接连破产，使孚格家族遭到了重创。孚格家族的权势逐渐遭到削弱，到了“三十年战争”时已化为乌有。

这时另一大银行兴起，即奥古斯堡的威尔塞银行，它是之后德国最大的金融与商业企业。这家企业也曾参与接济查理五世的选举，随后借给了德皇大宗借款，以支持他的军事行动。它因此得到了美洲的商业与殖民地特权，特别是在委内瑞拉。但威尔塞家族事业的发展远不如孚格家族，其家族最后一人是死在囚牢里的。

英格兰银行的创立

文艺复兴时期大金融的衰落，并未使商业财产在军事财政之中失去它的重要地位。这时出现了一些新的商业巨头，有的在荷兰，有的在英国，他们喜欢自己从事军事活动，或是在海上，或是在一些遥远的国度里。他们创办了殖民地公司。17世纪，在这些商业活动中取得的最大成功，要数荷兰西印度公司夺获了一个西班牙的载运银货的舰队，荷兰人因此得到了价值1 500万弗罗林的船货，股东们立刻瓜分了50%的红利。通常他们从供给国王和诸侯们军事费用中所得到的利益，都没有这个数目多。

另一方面，那些好战国家的金融地位日益依赖他人。政府为拉拢资本家在欧洲战争中帮助自己，采取了一些殖民地远征军所采用的手段，创办股份公司。这些组织中最持久的便是英格兰银行（英国的中央银行）。英格兰银行创立于1694年，创立时最初的目的是供给战时借款。英国政府决意取得对法战争的胜利（又称大同盟战争），向资本家提出借款120万英镑，利息8厘（即月利率0.8%）的要求。不过，单是这个利率并不足以让人民慷慨解囊，政府需要加添另外一种具有鼓励性的东西。

当时有人建议，以120万英镑的资本组建一个公司，成立一家银行，按月利率0.8%借款给英国政府。银行有权印制相同数目的纸币，这种纸币可以被视为正式货币，同时银行有权从事各种金融业务。这样，股东们就有了一种极大的利益驱动。通过使用这种办法，政府就可以用金银货币供给在外作战的军队，而在国内可以使用纸币。

提出这个著名计划的是一个苏格兰人，名叫威廉·彼得森。他是一个聪敏的冒险者，曾在西印度住了很久。他在那里究竟是当海盗还是传教士，始终没有人知道。他并不像他的同胞约翰·劳（因在欧洲推行纸币导致法国经济崩溃的人）那样足以令人信任，但是这个计划是健全的。

纸币本身，在英国并不是一种新鲜的东西。朗巴德街的珍宝商人，早就发行过一种金银证券，作为顾客交给他们保管的金银器物的收据。这种证券渐渐具有了纸币的性质。但现在这个新设立的银行所发行的纸币，它的担保品却并不等于票面上的东西，只是一种不那么重要的金属。这也许是完全没有保障的，因为我们在前面已经说过，这个银行的资本中所有的货币是归政府支配的。一旦一些金铺主看到这个新的组织变成了他们的可怕竞争者，提着大量纸币挤向银行兑现，就会立刻暴露出这种纸币没有充分的准备金这个事实。

彼得森的计划虽然有这种明显的缺点，但仍受到了欢迎。当时立刻就有40个认股人认定了价值50万英镑的股份，10天之内，全部资本就凑足了。最初的结果非常令人失望，纸币的价值较铸币的价值下跌了20%，股票便大幅跌价了。另一方面，采用这种办法还是不够政府的需用，政府不久之后开始寻求其他借款途径，于是便发行了财政史上的首批国库债券。直到1711年西班牙王位继承战争结束，英格兰银行的资本才增至220万英镑，于是又多了100万英镑可供政府支配。

英格兰银行最初股东的投资，最后虽然非常成功，但他们从战争中所得的利益并不多。并且银行的成立，也没有使提出这个计划的人发大财。彼得森当时还经营着一些其他的投机事业，他在1718年去世，遗产只有1万英镑。

善用货币制度

在17世纪末18世纪初的大公司中，我们已经看到现代供给军费的手段有两种：发行纸币，让尽可能多的人参与政府借款。但苏格兰人彼得森“创造”金钱的本事，却不是易于学习的。其中有些公司（法国印度公司和英国南海公司）在1720年前后就因此遭受灭顶之灾。之后政府和投资者对于这项试验的态度在很长一段时期内都极为谨慎。

除了强制借款之外（这其实就是一种改头换面的征税手段），直到17世纪末，政府真正借来的款项，数目非常有限，人民愿意借给国家的钱财数目也很少。例如，在1778年美国独立战争时，英国政府发行了一笔公债，认款的人数只有240人。数年后，英国的形势变得极为严峻（英国与美洲殖民地、法国、西班牙、荷兰等同时开战），重新试行发行公债，这次认款的人数达1 000多人。这在当时的伦敦是一件极为轰动的大事。

纸币制度仍旧持续面临着困难。在战争时期，纸币的用途极受限制，士兵们坚持要求用金银货币发饷。在经济危机时，政府不得不采用比较陈旧的通货膨胀制度来使货币贬值。七年战争[①]时，腓特烈二世所采取的手段便是一个鲜明的例子。1757年，他把特勒斯登与勒不士格的造币厂租给凡得尔·亚弗朗和丹尼尔·伊脱士格两个银行家，授权他们铸造14塔勒之银，铸造20塔勒之币（腓特烈二世为了应对七年战争，使用的降低铸币成色的手段）。自从货币成色降低40%以后，普鲁士政府每年所得利益为两三百万塔勒，这个数目差不多弥补了四分之一的战时经费。

军旅中的腓特烈二世

普鲁士国王腓特烈二世又称腓特烈大帝，是著名的政治家、军事家。他精通音乐，还是一名作家。他在位期间采取强硬手段，对内进行了一系列卓有成效的改革，多次对外发动战争，扩展领土，是一位“开明专制”的君主。

此后几年中，这种手段的应用一发而不可收了。腓特烈二世又把勃兰登堡的造币厂租给了亚弗朗和伊脱士格，这次他授权铸造的货币成色十足减少50%。这种成色降低的铸币不仅在本国使用，更大数量的铸币还流通到了国外。在这一事件上，亚弗朗显示出了惊人的神勇。这两个银行家曾自豪地说——也许有一点夸张——他们曾以他们铸成的减值银币，在敌国换了

① 七年战争：发生于1754—1763年，主要冲突集中在1756—1763年，欧洲主要列强为争夺利益相互结盟作战。

5 000万成色十足的银币。事实上，这种货币的交易，在战事后期的几年中，的确使普鲁士的国库每年赚得600万塔勒，而这两个银行家所获的纯利还没有算进去。然而，腓特烈二世所实行的有力的财政统制手段，最终也妨碍了大量私有财产的获得，亚弗朗和伊脱士格这两个银行家并没有聚积起大量的财富。

黑森·卡塞尔领主的借款

我们如果研究一下罗斯柴尔德家族所取得的伟大成功，为什么是17世纪和18世纪任何宫廷银行家都不能比拟的，就可以看到，这绝不是完全由财政方面的天分所决定的。的确，这个法兰克福银行的创办人——梅耶·罗斯柴尔德不是一个天才，并且我们遍观他的五个儿子的一生，即便是最有才干、最成功的内森·罗斯柴尔德（梅耶·罗斯柴尔德第三子），从他身上也绝看不到有任何像彼得森拥有的伟大的或创造性的思想。

然而我们也不能说，罗斯柴尔德家族所积聚起来的财产仅仅是靠投机手段得来的。他们利用了拿破仑时期的动乱所造就的特殊的投机机会，的确显示出了极大的才能，然而从他们几个人的禀性角度看，他们并不是真正的投机者。他们从事冒险事业，凭借的不仅仅是勇敢的精神，更多的是深谋远虑的谨慎，以及一种聚敛的本能。凭借这些特性，他们创下了把财产保留百余年之久的罕有功业。然而这并不足以表明，他们能在20年这样短的时间内，从出身低微的犹太人，变成拥有国际权威的富豪，因为无论他们最初的百万或千万的财富，都不完全是储蓄的酬报。他们要想靠奋斗得到财富，就得冒险。

罗斯柴尔德家族的地位与其他宫廷银行家的地位存在根本性的不同。虽然他们的职责也像宫廷中其他犹太人的职责一样，但做事方式与前辈有很大差别。通常一般银行家的职责是替君主筹措金钱，他们的职责却刚好相反，他们的交易对象是欧洲拥有剩余金钱并可以借给别人的少数领主之一，这个人就是黑森·卡塞尔（德国历史上的一个伯爵领地）的领主威廉九世。他所拥有的现款比同时代任何资本家所拥有的都多。

这个德国领主持续从事向国外出借有利借款事业所凭借的庞大财产，是从一种特殊的战争利益中得来的。就像当时其他领主一样，黑森·卡塞尔的历代领主自从17世纪末以来，就从事着一种非常有利可图的商业活动。历代领主把他们的百姓出租给一些大国充当士兵，特别是不断需要到外国雇佣军人的英国，只要是一个体格健壮的人，英国就愿出高价。

威廉九世的祖父曾经凭这种交易赚得1 200万塔勒；他的父亲腓特烈二世领主从交易中获利更多，他总共把16 992名百姓运到英国，随后转送到北美的战场上，所得报酬约2 200万塔勒。威廉九世继续从事着这种事业，在他继位后的第二年，又派了一支军队到英国去，得到了67.5万塔勒的进款。

威廉九世的父亲把这种巨大收益用在兴建宫殿和维持奢华生活上面，威廉九世却不同，他不但能够保存财产，而且能合理地使财产增值。他似乎始终没有想过要用庞大的财产扩张权势。相反，他似乎希望能对其他大国隐瞒自己的财产，包括其他欧洲国家宫廷中的亲戚们。因此，他利用一些银行家，让他们把他的金钱以4厘或4厘半的利率（即月利率0.4%或0.45%），分为20万至30万塔勒的长短期借款，小心谨慎地借给十余个国家。

这种中间人的工作并不轻松。威廉九世即便对于那些最热心为他工作的人，也持严重的怀疑态度，并且就像一些贪婪狠毒的盘剥重利的人一样，他对于一分半厘的利息都斤斤计较。与他同时代的其他人对他做出的评判，我们姑且不论，但凡与他交易过的人，都认为他是一个吝啬且贪财的人。但无论如何，做威廉九世的银行家，就有使自身成为富豪的可能。

梅耶·罗斯柴尔德用他百折不挠的精神，设法和这位领主进行商务上的接触。威廉九世起初是非常谨慎的，最初答应试行一笔1 000英镑的借款，经过不断的犹豫和考量，最后梅耶·罗斯柴尔德分到了一笔800英镑的借款。之后梅耶·罗斯柴尔德遵约清偿他的债务，并且比其他银行家支付了更高的利息，于是威廉九世委托他的款项渐渐增加。直至最后，他接受委托的数额远超他的所有竞争者。1801—1806年，他曾经营着11笔重要的借款，总数约有500万弗罗林（约77万英镑）。其中，7笔是借给丹麦的，其余一些借给了黑斯达姆斯太脱领主和巴登选帝侯。他还调解了普鲁士国王和俄国沙皇间的旧债，所做的一切都使他尊贵的放款人感到十分满意。

梅耶·罗斯柴尔德把他从这种事业中所得到的利益的一部分投资于自己的事业，该事业现在还在法兰克福经营着，并且在当地有着重要的地位。他给第三个儿子内森·罗斯柴尔德2万英镑，在曼彻斯特设立了一个分行，并且在当地有着重要的地位。在这个时期，他的财产应该已接近100万弗罗林了，但梅耶·罗斯柴尔德看上去一点都不像拥有巨额财富的人。在拿破仑时期的最初10年中，他和儿子们经营的事业，随时会得到一些军事上的帮助，但我们并不能说，他们所发的大财，最初的基础是直接从战争利益中得来的。

梅耶·罗斯柴尔德的军事业务

罗斯柴尔德家族与军事活动有了关系后，财产极大地增加了。这种关系始于1806年。这年发生了两件事，跟他们有重大关系。第一件是法军进军黑森·卡塞尔，领主被废（威廉九世这时刚升为选帝侯，有资格竞选神圣罗马帝国皇帝，改称威廉一世，也称威廉选帝侯）；第二件是拿破仑实行大陆封锁政策。罗斯柴尔德家族在政治上是一向没有主张的，但自从这两件事发生之后，他们选择支持拿破仑的敌人。几年来，他们对拿破仑的仇恨一直都是隐藏着的，现在他们反对的力量实在不能等闲视之了。

由于与威廉选帝侯有财政上的关系，梅耶·罗斯柴尔德不得不加入拿破仑敌人的阵营。威廉选帝侯个人绝没有被任何的政治热情所迷惑，他只是一个有钱的领主，现在的情况是，他已经把大批的钱借给了正与拿破仑交战的国家。他把一大部分钱借与英国，奥地利皇帝也是他的债务人，之后他又借给了普鲁士一大笔钱款。可是，他极大地低估了拿破仑政体的抵抗力和持久战斗力。

直到法国前哨驻军接近黑森·卡塞尔边境时，他才认识到了自己的错误。他希望赶快设法提出一个调和办法，要做到八面玲珑，将来还有回旋的余地。然而太迟了，他在边境每一个哨岗上标着“中立国”的字样，也无济于事。面对这样一种明显的诡计，拿破仑是绝对不会被愚弄的。唯一的办法只有逃亡了。威廉选帝侯从城中最后一扇开着的通往北面的城门中逃走了。

他个人既已脱险，接下来就要保全他的财产。现在他已经没有时间有组织地把领地首府掏空运走了。所有可以搬动的东西都已装箱，几百箱东西被匆匆运到了附近堡垒的地窖中。金银珠宝、古玩珍品都被搬走了，除此之外，还有债券、账册以及一些最重要的案卷。当天深夜，他又把五个纸夹（里面包括汇票等，价值150万塔勒），派人送至驻奥公使处，要求公使代为处理。但威廉选帝侯的过分谨慎，终究引起了法军极大的怀疑。法军开始搜索，不久就把威廉选帝侯的财产搜了出来。

根据这位选帝侯的账册所记，他的动产共有2 600万塔勒（约670万英镑），这个数目，比拿破仑个人在他统治时期所有的财产要多得多。当法国总督勒格朗契从地窖中取出1 100万塔勒时，他认为这批“赃款”对于拿破仑的胃口来说已经足够了，开始为自己打算。黑森·卡塞尔的大臣们暗中送给了他约100万法郎，勒格朗契为答谢他们，停止搜索，并且归还了一部分的文件。

忠于威廉选帝侯的人们，这时遇到了一件极为困难的事，就是从已被占领的地方把未被搜走的有价证券偷偷运出，因为他们的主人虽然过着亡命生活——最初在丹麦，随后来到波希米亚——但他希望把他的财产随身带着。因此，许多装着价值数百万塔勒债券及金银珠宝的箱子，被辗转运出了德国。

这次惊人的转运财产事件，不久就化为了一个动人的传说，主角是梅耶·罗斯柴尔德。据说，威廉选帝侯出逃之前曾送给梅耶·罗斯柴尔德一笔数额极大的有价证券。在黑森·卡塞尔被占领时期，梅耶·罗斯柴尔德把这些东西藏在酒桶里，之后把酒桶藏在他家花园中的地下室里。梅耶·罗斯柴尔德的活动是非常平凡的，他只是把这些证券藏在他的地下室里面，并且威廉选帝侯给他的这些东西，都是最不重要的。梅耶·罗斯柴尔德虽然当时已经60多岁了，但依旧长途跋涉，去探视威廉选帝侯，还写信给他传递一些可靠的消息，使他在逃亡途中也能够用剩下的钱财像以前一样从事有利的投资活动。

1808年，拿破仑用下面简短的几句话废除了这位选帝侯的统治权："黑森·卡塞尔家族，历年来通过向英国出卖自己的人民来获得财富。这种横行不法的行为，实在罪不容赦。选帝侯恶贯满盈，特此废除其王权。"然而梅耶·罗斯柴尔德依旧忠心于他。威廉选帝侯虽然历尽困苦、焦虑，可是这并不能改变他小气的性格。他当时每年还有75万弗罗林的收入，这大半应该归功于梅耶·罗斯柴尔德。这位被废了的选帝侯在佣金上面锱铢必较，对于这一个最忠心的仆人，始终没有表现出一点要报答的意思。

不过，梅耶·罗斯柴尔德和这位选帝侯所做的交易，对自身还是有着极大好处的。有一次，欧洲各地普遍发生了经济危机，然而因做这种交易的关系，他在法兰克福银行里依旧有着充足的资本保障。梅耶·罗斯柴尔德从其所受委托的放款中，总是能够得到一笔极为丰厚的收益。

法兰克福的五兄弟

当梅耶·罗斯柴尔德和他的长子、次子使用巧妙的手段，突破了拿破仑所建立的壁垒时，内森·罗斯柴尔德也在西欧做着同样的事情。当时，梅耶·罗斯柴尔德把自己的五个儿子先后派到欧洲主要的城市建立银行，长子留守法兰克福总部，次子被派往维也纳，第三子被派往伦敦，第四子被派往那不勒斯，最小的儿子被派往巴黎。内森·罗斯柴尔德已在1804年加入了英国国籍，所以他比较审慎而直接地反对拿破仑，以帮助英国。他利用自己在纺织业中心曼彻斯特获得的经验，在伦敦从事着与欧洲大陆贸易的大事业。他不但输出英国布，而且输出糖、咖啡、蓝锭果以及其他产品。这些业务固然能带来极大收益，但每一次的运送都得用各种机变的手段，因为在欧洲大陆战事封锁时期，所有出口货物在法国一律被视为违禁品。

内森·罗斯柴尔德学习他父亲这个榜样，不久也扩充了自己的业务，包括金融业务。金融业务所受战事的限制比一般商业活动更大，与外国进行交易时需要极其小心。1810年，拿破仑的大陆封锁政策有所松动，内森·罗斯柴尔德急忙乘机扩充他的金融业务，从事大规模的金融活动。

这时威灵顿正在西班牙和葡萄牙遭受着严重的困难，运送金钱至该处，便成为一种极有利可图的业务。英国政府曾多次试图从海道或从陆路（经过法国）把军费运过去，但都失败了，最后政府只能让威灵顿自己想办法了。威灵顿便不得不以政府的汇票向银行贴现，但西班牙和意大利的银行家都提出了极为苛刻的条件。这时内森·罗斯柴尔德加入进来，他向威灵顿提出了比较宽松的条件，即便如此，他还是可以获得丰厚的利润。把金钱交给威灵顿，需要一个规模很大的组织。内森·罗斯柴尔德和一些船主、搬运工磋商，把硬币现款运到巴黎，以后的步骤便隐藏在一大批经纪人的背后，详细运输情形至今仍是一个谜。最近有人对罗斯柴尔德家族所做的研究中，也只是提出了一些假设。钱款最终如期交给了威灵顿，替他完成了一项无比重要的工作。

在这个过程中，内森·罗斯柴尔德得到了他最小的弟弟詹姆斯（梅耶·罗斯柴尔德的第五子）极大的帮助。詹姆斯这时正在巴黎工作，他是罗斯柴尔德家族在法国支系的始祖。詹姆斯1811年到巴黎，当时他19岁，凭借一封极有力量的介绍信，立刻受到了法国财政部部长的接见。他直言到法国的目的，是进行英国货币到法国流通的磋商，除了这个目标与使命外，别无他意。

此时，巴黎市场上流通的钱很少，这个法兰克福年轻人的举动立即引起了人们极大的兴趣。法国财政部部长莫里恩答应这个少年，愿意提携他。有一段时期，法国警方对他产生了怀疑，建议把他拘捕。但莫里恩极力阻止，并担保罗斯柴尔德家族的活动有利于法国，因此罗斯柴尔德家族的兄弟俩可以毫无困难地开展他们的事业。内森负责在英国把钱搬上船，之后詹姆斯就在法国北部海边的一个口岸，负责开展接下来的运输工作。因此，莫里恩便能够非常满意地向拿破仑报告，单是一个月的时间，罗斯柴尔德家族就已经从英国搬来了十万基尼（英国旧货币单位）。

这两兄弟的所作所为终究还是引起了英国当局的注意。当时管理威灵顿军需的哈理斯，就曾把内森·罗斯柴尔德召去探询究竟。内森用绝对坦诚的态度，说明了他工作的性质，言辞恳切，结果他们两人建立了永久的财政方面的关系。之后哈理斯将政府向西班牙运送银钱的事务委托给了内森，罗斯柴尔德家族的事业便比以前更好开展了。内森前不久买到了大批印度金子，他本来打算由他自己送到西班牙去。这下他就可以把它划归政府，并得到一笔丰厚的佣金，由政府以同样的手段送给威灵顿。

在拿破仑战争最后的时期，罗斯柴尔德兄弟（梅耶·罗斯柴尔德于1812年去世）已经获得了一种国际意义上的财政力量，这应该归功于他们所得的各种战争利益，而最大的力量来源于内森和英国国库的关系。反法同盟方面从英国得到的补助金达2 000万英镑，其中差不多半数由他们经手，虽然他们只收较少的佣金，但所得纯利也很可观。英镑币值上涨，也成了他们利益的一个重要来源。

罗斯柴尔德家族极力利用他们的政治关系，来支配维也纳（奥地利帝国首都）的财政，因而与奥皇发生了密切的商务关系。最初他们的努力完全失败，但当普鲁士政府处于特别严重的危机中，在“百日事件”[1]发生之时，内森·罗斯柴尔德向他们提供了一笔20万英镑的借款，这种财政上的援助很受普鲁士政府的欢迎。其后，法兰克福五兄弟继续供给了普鲁士15万英镑。反法同盟在滑铁卢对拿破仑发动的最后一击，就得益于罗斯柴尔德家族的经济援助。

金融家与拿破仑的对抗

在反法同盟与拿破仑的战争中，罗斯柴尔德家族为反法同盟成员，特别是为英国提供了极大的帮助。然而奇怪得很，拿破仑虽然是一个伟大的有才干的领袖，却始终没有得到一个金融家盟友的帮助。在法国，当然不缺少机会，也不缺少有才干的金融家。在拿破仑统治之初，他阵营里的金融家中最精明的是乌佛拉特（法国金融家），乌佛拉特最初试图谋求国家银行家的职位，但拿破仑拒绝了他。不久，拿破仑下令调查乌佛拉特的业务，并把他送进了监狱。之后，在帝国时代，他针对其他几位金融家又做出了同样的事。

有人说，拿破仑对于当时一些金融家的憎恶完全出于私事。拿破仑和约瑟芬结婚之后，约瑟芬很爱用钱。当她丈夫远征埃及时，乌佛拉特就暗中借给她买进一座豪华宫殿的钱，并且供给她其他的费用。然而乌佛拉特很不明智，竟把他提供的这些服务告知了拿破仑。如果人们认为这种琐碎小事对一个伟大人物来说不值一提，那便错了。和一个天才接触，是极难把天才和普通人区分开的。只有普通人才有能力把一些小事放开不计。

拿破仑之所以对乌佛拉特等金融家持此态度，当然还有其他缘故。像所有独裁者一样，拿破仑一生对银行家和商人坚决保持着彻底的不信任，并流露出

① 百日事件：指拿破仑从流放地潜回法国后，试图重建帝国，从1815年3月20日拿破仑从厄尔巴岛返回法国，到1815年7月18日路易十八复辟，共计101天。

明显的反感。在特殊情形下，他虽然知道怎样对他们说一些恭维的话，但这绝对不是真心的，从他的言谈举止中处处都能显露出来。他认为银行家和商人，不论是在战时还是在平时，都是多余而可憎的。他认为，一名胜利的军人，是懂得怎样取得他所需要的东西的。一天，乌佛拉特设法向拿破仑解释在西班牙发生的一些金融事务上的困难情形，这位皇帝却冒失地说道："很好，我带50万人的行军到马德里去，大家要什么就拿什么好了。"

在拿破仑时代，巴黎的一般金融家在与政府所做的交易中，至少在最初的时候，往往并不像罗斯柴尔德家族那样驯良而顺从。雅克·拉菲特和乌佛拉特都不是犹太人出身，他们都是革命的骄子，是雅各宾派成员，并曾在革命军总参谋部服务过。他们并不像罗斯柴尔德家族那样希望设法隐瞒财富，他们把财富在全世界人面前炫耀。利益也许足以引诱他们，但政治野心对他们的影响也不小。乌佛拉特一直被拿破仑视为典型的贪财盘剥重利者，却莽撞地设法插足国家事务，虽然他极不够资格。这时罗斯柴尔德家族跟随将军和政治家的步伐，亦步亦趋地开展着他们的事业，乌佛拉特却想从一个有利于自身利益的方向来决定政府的政策。

有一次，他希望在美洲开展庞大的事业，很快便策划了一个重新瓜分美洲的计划：拿破仑做全美的主人，西班牙殖民地成为整个波旁家族（拿破仑所取代的法国统治者家族）的收容所；奥地利储君应和波拿巴家族的一位公主成婚；拿破仑也许会把他的一个家人封到美洲（当时美国领土扩张的西进运动刚刚开始，密西西比河以西的众多美洲土地还未归入美国）做国王，这个国王可以把他的一个女儿嫁与墨西哥国王。这就是乌佛拉特在给拿破仑的信中所提出计划的梗概。

同时，他通过孚舍的帮助，计划实现英法议和。这大概也是为他的商业利益着想。但他的美洲计划很快改变了：英国应该分得美洲北部，法国占据美洲南部，包括乌佛拉特希望开采的银矿。这个计划在英国政界传播着。这事传到了拿破仑的耳朵里，他生气极了，把乌佛拉特送入监狱监禁了几年。

这样一来，拿破仑对于金融家的敌视越来越强烈了，他觉得他们的活动会造成公众危险。现代银行业务的全部技术以及国际清算制度，包括政治支配之外与外国所发生的关系，让他烦恼不安。金融家所采用的权宜之计以及巧妙的手段，都与拿破仑的金钱、借款、财产与安全的观念发生冲突。1812年，拿破仑出征作战时，带着55辆运输钱款的四马货车，他往往不去借款。必要时，政府可以获取私人的财产，征服者可以获取被征服者的财产，这是国家的权力，也是军人的权力。但一个自称金融家的人，是否能够支配属于别人的金钱，却是很让人疑惑的。

法兰西银行的基础，以及拿破仑所进行的其他财政改革，的确显得非常持久而成效卓著。然而依据所有这些来看，他的财政机构依旧采用的是18世纪时的帝制模式。在他看来，金钱就是金、银或一种赋有特权的文书；在他看来，借款依旧是一种沿袭形式的东西，需要担保物。不过，查理五世给予银行家的担保物，却为他绝对主权的观念所不容。他只有一种办法：让银行家暂时拥有自由铸币的权利，所铸货币则归他使用。如果他们反抗，就用武力把他们送进牢里，没收财产。

然而在拿破仑的统治之下，一些法国金融家依旧积聚了大量财产，平均每年100万法郎以上。雅克·拉菲特的暴富便是一个例子。但大家都很害怕拿破仑，奥斯特里茨战役后，莫里恩向银行家披兰古——雅克·拉菲特的合伙人——发放了100万法郎，作为向奥地利征收2亿法郎赔款的佣金，但披兰古不敢接受。他对雅克·拉菲特说道：“陛下不相信老实的人，他也许会怀疑佣金是我从汇兑上赚来的。”

比较乖巧的金融家，对于这种强权感到不满，开展了一次名副其实的同盟怠工。1807年底，乌佛拉特和房勒布歇认为拿破仑对他们所征的税收太高，对账目进行了一次清理。事实上，他们采取这种做法唯一的目的在于逃避赋税。从他们的业务状态角度看，这是不合理的。大多数欧洲国家（包括法国）的金融家，不断对拿破仑进行非正式的抗争。拿破仑失败后，一些金融家就充满了热情和信心，着手援助波旁王朝复辟。

波旁王朝复辟

这时，法国金融家的黄金时期似乎开始了。雅克·拉菲特被任命为法兰西银行总裁，这是兼职管理法国国王产业的职位。他希望借助这个职位发大财，便慷慨地放弃了10万法郎的年薪。乌佛拉特又重新变成了政府的契约承办人。

拿破仑出其不意地卷土重来。最初，一些金融家感到极大的恐慌，但随后他们不禁吃了一惊——拿破仑似乎已经成了孤家寡人。雅克·拉菲特保持着他的位置。乌佛拉特曾与政府做了一笔非常划算的交易，借给了政府5 000万法郎。之后政府便委托他发行政府公债作为报酬，其条件是给他20%~25%的盈余，最后他的梦想也实现了，拿破仑委任他为军需总办，负责采办所有军需物资。因担任这一职务，乌佛拉特在滑铁卢战役中实际上是帮拿破仑工作的。

然而这个时期终究非常短暂。滑铁卢战役的失败使拿破仑的政治生命寿终正寝。这次战争使战胜国与战败国双方的金融家全都得到了一个同样可喜的机会。雅克·拉菲特与乌佛拉特都发了财，他们在拿破仑最后的大战中所给予他的帮助都得到了回报，但其中最得意的是与拿破仑有深仇大恨的罗斯柴尔德家族。

克莱门斯·梅特涅（19世纪奥地利著名外交家，奥地利帝国宰相）在位时，经过很长时间的考虑，最后同意接受罗斯柴尔德家族财政上的支持。罗斯柴尔德家族五兄弟中的老四——卡尔·罗斯柴尔德，那时正被家族的掌权人内森·罗斯柴尔德派往意大利的那不勒斯，便在那里确立了不可动摇的地位。普鲁士经过这一次战争后正处于财穷力竭的境地，罗斯柴尔德家族的伦敦分行便借给普鲁士一笔2 000万塔勒的钱款。从这时起，内森·罗斯柴尔德的活动范围便远远超越了欧洲的界线。在巴西，他同时做了巴西皇帝和朝廷的银行家，不久他又和伦敦一家最重要的银行——巴林银行竞争，取得了一笔国际贷款的资格。

最有意思的是罗斯柴尔德家族势力在巴黎的崛起。拿破仑战争之后，各国的金融亟待整顿，法国也不例外。波旁家族还有另一件需要处理的事务，就是救济回国的难民，他们大半衣衫褴褛，无立锥之地。在第一次复辟时，政府已经答应给他们一笔赔偿款，但他们原有的土地不能归还，因为现在住在那里的农民是不答应的，只有通过另一种方法进行赔偿。新政府的计划是分配政府的国库券，每年应得的收入为3 000万法郎，以3厘利息计算，便需10亿法郎的资本金。经过仔细核算，最后核定资本金为62 500万法郎。为了筹集这样一笔巨款，一个庞大的计划产生了，即将国库券利息从5厘减至3厘。这个办法通过了，之后这件事便委托詹姆斯·罗斯柴尔德去办理。

这个计划虽然受到了小资产阶级的反对，但最终还是实施了。这样，就像在其他国家一样，罗斯柴尔德家族在法国也确立了政府银行家的地位。1830年，法国又提出了不可商量的借款要求，用作远征阿尔及利亚和援助希腊脱离土耳其统治的费用。在这一次借款中，詹姆斯·罗斯柴尔德所提供的数额超过了其他银行能提供的数额，他的条件非常优惠，差不多是罗斯柴尔德家族所做交易中收益最低的一次了。巴黎的七月革命以及比利时宣布独立（前者指法国人民发动革命推翻复辟的波旁王朝，后者指原属于荷兰管辖的比利时宣布独立。这引起了老牌帝国主义国家沙皇俄国和奥斯曼帝国的恐慌），曾经引起了股票的下跌，罗斯柴尔德家族因此遭受了严重的损失。

罗斯柴尔德家族变成和平主义者

这种不幸的经历，似乎使罗斯柴尔德家族在和平与战争问题上，从根本上重新回到了原来的位置。从战争中获取的利益，使他们拥有了坚实的财富基础，他们便开始预备从事一些其他发财的事业。从那时候起，他们已变成大银行家，专门经办政府借款，兼以将他们自己的财产投资于政府公债。然而证券就像是一种娇嫩的植物，如果希望它的价值上涨，便需要有温和的气候，它是从属于和平时期的东西。如果要在战时的风浪之中期望证券价值上涨，则是非常困难的。因此，罗斯柴尔德家族变成了和平的爱好者。

我们应该明白，这只是一个银行家的和平主义。詹姆斯·罗斯柴尔德此时的职务所起的作用，相当于全家族的情报总监。1830年秋发生困难的时候，他写信给在维也纳的哥哥所罗门（梅耶·罗斯柴尔德的次子，被派遣到维也纳拓展业务）：“我们现在持有公债90万法郎，假使维持和平，可获得面值的75%；假使发生战争，那就将跌到面值的45%了。”因此，罗斯柴尔德家族便以他们在欧洲的资本势力，全力阻止比利时独立事件引发战争，他们的努力很快就取得了成功（1831年1月20日，法国、英国和普鲁士等国召开会议，承认比利时独立，并保证它永久中立）。

10年后，普法之间表现出了发生战争的可能，便也有了一次同样的情形。这次紧张的形势最后竟也化险为夷，这完全归功于财政压力的干涉。据说，梅耶·罗斯柴尔德的夫人曾经说过这样一句话：“假使我的儿子们不愿意发生战争，那么战争是不会发生的。”这句话在一定程度上是很符合历史事实的。因为差不多一百年来，直到日俄战争爆发的前夜，每一次狂暴的风浪酝酿时，罗斯柴尔德家族总是不畏艰险，想尽办法避免战争的发生。

他们当然不能进一步地在原则上拒绝进行战争借款，因为他们在各自事业所在的国家中，已经变成驯良的爱国者了。如果他们在战争爆发后设法逆流而行，那么他们的金融与社会地位就很容易遭受严重打击。不过，他们始终设法躲避一切军事活动。

只有一次，罗斯柴尔德家族打破了这个旧例。在克里米亚战争中，他们活跃地参与了财政上的活动。他们以一种非常有利的条件，在伦敦的银行发放了一笔1 600万英镑的军事借款，并且由英法两国担保，罗斯柴尔德家族又另外供给了土耳其一笔借款。他们这一次破例，最大的原因也许是英国参与了战争。因为自从拿破仑战争以来，罗斯柴尔德家族便曾定下一个原则——凡是英国的同盟国，钱都不妨借给它，他们深信胜利是永远属于英国的。

罗斯柴尔德家族对于法兰西第二帝国（指拿破仑的侄子夏尔·路易·拿破仑·波拿巴在1852—1870年建立的帝国）的军事活动，虽然总抱着一种怀疑的态度，但是他们对于法国联合撒丁王国（当时意大利境内唯一独立的王国，后来由该国领导，实现了意大利的统一）对奥地利的战争，却特别热情地仔细观察着。这次的战争是经过了极严密组织的，他们虽然设法制止它，但没有成功。

他们在奥地利和意大利两国的利益同时受到了极大影响。卡米洛·奔索·加富尔最初得到了瑞士银行家德拉雷财政上的援助，随后又使伦敦享勃罗银行借给了他大批款项。加富尔也和罗斯柴尔德家族做了一些交易，但这些交易是直到他已不再能得到德拉雷的帮助，德拉雷已无力供给他借款时，才开始的。当意大利和奥地利两国的冲突已经达到了严重的地步时，他们发现自己正受到两面夹攻——不论哪一方战败，他们都得蒙受一部分的意外损失。这个晦暗的前景最终被证实了，奥地利的失败使他们遭受了极大的损失。波旁王朝在那不勒斯的颠覆，使他们在该城建立分行的活动宣告失败。

加富尔画像

加富尔（1810—1861），意大利政治家，完成意大利统一的主要人物。他担任撒丁王国首相后，在国内进行一系列改革和工业建设，在外交上纵横捭阖，最终促成意大利民族统一。

罗斯柴尔德家族在19世纪中叶时的财产极为庞大。据估计，单是他们在法国的一支，就拥有20亿法郎。这也许是被夸大了的，但他们确实是真正的金融王子。他们受到了君主和政治家的款待，拥有爵衔和勋章，然而罗斯柴尔德家族在政治上的势力逐渐明显减弱了。在每一个政府、每一个朝廷里，他们的忠告虽被采纳，但到了最后的时刻，那些政府不再照其执行。

在法国，他们的势力遭到削弱，也许是没有得到拿破仑三世信任的缘故，虽然表面上他们很受宠幸。在罗斯柴尔德家族眼里，拿破仑三世是一个冒险者。拿破仑三世始终不能饶恕他们对拿破仑一世的敌视，以及他们坚决拒绝帮助重建帝国的行为。

从拿破仑三世统治开始，产生了另外一个财政团体，其政治领袖是阿希勒·福尔德（法国金融家，和另一个金融家贝列拉，是拿破仑三世经济上的主要支持者），他曾当过多年财政部部长。这时罗斯柴尔德家族的主要竞争者是动产信贷信托银行，它是由福尔德家族的近亲贝列拉兄弟经营的银行（贝列拉和福尔德向拿破仑三世提出建立动产信贷信托银行，其主要是募股集资形式的股份制银行，这种形式对罗斯柴尔德家族的私人银行造成很大的威胁）。拿破仑三世入侵墨西哥所需的金钱是由动产信贷信托银行供给的，拿破仑三世这次不幸失败，但罗斯柴尔德家族聪明得很，没有参加。在法国国内，福尔德和贝列拉两家族渐渐地取得了朝廷和政府银行家的地位。

但这时所发生的重大变迁，已不是一个个朝廷银行家此起彼伏、互相交替了。自19世纪中叶以来，政府已经能够脱离一些大银行家的支配，而依靠大批小资本家了。持有政府公债人数的增长，显示出借款已经拥有了一种民主化的性质。在1848—1858年间，持有五厘国库券的人数增加了三倍。一直以来，银行家都享有一种独特的地位，当着投资界的顾问。但政府如今开始发行自己的债券，公众显然已经愿意把他们的金钱不经银行之手，直接信托给政府了。银行的地位被动摇了。

勃兰克罗台

在俾斯麦时代，我们一度重新看到了一种旧式的宫廷银行家。普鲁士并没有很多资本，同时国会不希望拿这些资本帮助俾斯麦实现野心计划。普鲁士国会与政府发生了严重的冲突，国会拒绝通过预算案或授权发行借款来购买军火。这时对于一些愿意提供帮助的私人银行家而言，就有了一个极好的机会。在这些竞争者中，柏林的银行家盖松·勃兰克罗台胜出了。

勃兰克罗台的银行原来只是罗斯柴尔德家族的一个分行。虽然普鲁士政府再三相邀，请罗斯柴尔德家族派一个家族成员在柏林设立一家分行，但罗斯柴尔德家族始终迟疑着。他们不希望再设立一个足以与法兰克福和维也纳银行进行竞争的分行，因为普鲁士的业务都是属于这两家银行的。这是一种正式的说法。但是实际原因很可能是普鲁士的环境及政府的氛围和梅耶·罗斯柴尔德的子孙不容易融合，因此1828年后，普鲁士政府就把其在柏林的金融业务交给了撒姆尔·勃兰克罗台。

撒姆尔·勃兰克罗台是罗斯柴尔德家族的经理人，他凭借这个身份很快使其经营的银行超越了一些年久而资本更为雄厚的银行。撒姆尔·勃兰克罗台死后，这家银行由他的儿子盖松·勃兰克罗台接管。这时这家银行的声誉已经确立，但还不具备经营国际业务的资质。盖松·勃兰克罗台比他父亲更坚决地跟从着罗斯柴尔德家族的步伐，参与发行巨额借款。他所遇到的第一个机会又是战争。1859年法奥之战发生后，在两国议和前不久，普鲁士答应了奥地利的请求，下令动员准备参战，并发行债券3 000万塔勒给奥地利。这次债券的发行权委托给了一个银行集团，它可得佣金5万塔勒。在这个银行集团中，盖松·勃兰克罗台因特别卖力，取得了很好的成绩。这些银行家幸运得很，最后普鲁士并没有参战。普鲁士中止动员，这笔借款的价值便增加了，使那些认购者感到十分满意，尤其是一些银行家。

这就给了盖松·勃兰克罗台一个发展的机会，他设法讨好朝廷，使朝廷对他产生好感。1862年，普鲁士政府和国会因为军事预算产生的矛盾已经变得非常尖锐，这时俾斯麦和法兰克福的罗斯柴尔德家族已经做过多次交易，他写信给他们，要求推荐一个在柏林的可靠人物。罗斯柴尔德家族自然推荐了他们自己的经理人盖松·勃兰克罗台，俾斯麦接受了推荐，感到非常满意。因为他曾明白地说过，他希望是一个犹太人。

盖松·勃兰克罗台曲意奉迎，每一件事都做得令人满意。1864年，普鲁士与丹麦开战，这时普鲁士正逢山穷水尽之时，财源枯竭，国会仍像以前拒绝增加军费一样拒绝授权发行一笔1 200万塔勒的战时借款。与丹麦的战争，从军事和财政方面看，便是后来历次政府与国会冲突的开始。于是，后来在没有参加对奥战争之前，俾斯麦认为在财政上面要极力设法筹划，以备不时之需。

1865年夏，在这次开战的后一年，普鲁士国王召盖松·勃兰克罗台到卡尔斯巴德参加一场讨论备战财政问题的会议。公债是指望不上了，因为国会的余怒未息，没有国会的准许，公债就不能发行。但俾斯麦和他的银行家想到了一个解决办法。普鲁士对从哥罗尼到明登之间的一条铁路一向拥有某些权利，现在俾斯麦把这些权利卖给铁路公司，这样就可以绕开国会了。铁路公司方面再添一半资本，就可以凑齐所需要的资金了。这样一来，投资者的钱就不是投向政府，而是投向一个私有公司，而这个私有公司可以暗中把它交给政府。

这个巧妙的计谋非常成功，于是俾斯麦和他的陆军大臣冯·毛奇就开始做准备了。盖松·勃兰克罗台获得了双重利益：一是在推销时作为中间人所得的利益，二是发行新股票所得的利益。政府为答谢他所做的工作，又给了他商业会议枢密顾问官的官衔。自此，他就正式成为政府的财政顾问了。罗斯柴尔德家族的经理人，就这样成了普鲁士国家的银行家，并且大家知道他还处理着俾斯麦的私人事务，这成为他接触一手政治消息的可靠来源。1866年普奥战争结束之后（普鲁士获胜），一些有钱的顾客自然就把目光转到这个有着如此可靠的推荐和消息如此灵通的银行家身上了，盖松·勃兰克罗台不久就变成了柏林的大富翁。

然而直到普法战争爆发时，盖松·勃兰克罗台才得到了国际性的声誉。当议和会议在凡尔赛闭幕之时，俾斯麦要求盖松·勃兰克罗台提出一个他们能向法国索要的赔款数额。盖松·勃兰克罗台建议索要10亿法郎，他想他已经提出了一个极大的数额了。可是俾斯麦不是如此容易满足的。自此以后，盖松·勃兰克罗台在凡尔赛的职责便是讨论关于运输赔款的问题。谈判的另一方，法国政府的专家顾问便是詹姆斯·罗斯柴尔德的儿子——阿尔芬斯男爵。

亨凯尔伯爵

最后确定的法国赔款数额是50亿法郎，这不是盖松·勃兰克罗台计算出的结果，而是跟随俾斯麦到凡尔赛的一个财政专家——几杜·亨凯尔伯爵提出来的。这位从上西里西亚来的贵族，无疑比典型的旧式宫廷银行家盖松·勃兰克罗台强势得多，并且更富有创造力。

亨凯尔伯爵出身于一个地位很高的贵族金融家家庭。在他祖先之中，塞尔沙诸伯爵曾与孚格家协同开发匈牙利的重要铁矿，另一位祖先拉萨罗斯·亨凯尔在16世纪末德国与土耳其发生战争之时，曾为鲁杜夫二世皇帝提供了大量借款，得到了贝登的产业作为酬报。

亨凯尔家拥有矿产，又对其进行了一系列的开发，积聚了极丰厚的产业。然而，1848年，当18岁的几杜·亨凯尔继承这笔财产时，已经缩减了很多。几杜·亨凯尔年轻时，正处于法兰西第二帝国时代，他在巴黎过着安逸的生活，对于所有的产业都不善于经营，因此他的现款不久就花光了。

这是几杜·亨凯尔一生中最挥霍无度的时期，他之后得到了一些法国金融家的帮助，开始从事实业。但他的耗费始终多于他的收获，因此当普法战争爆发之时，他已负债累累。他和巴伊伐（法兰西第二帝国时期的一个有名的荡妇）结婚的计划，实在不单是出于爱情，同时也是弥补他的预算的一种手段。因为这个女人在与各界名流交际的过程中积聚了一笔极大的财产，其中也有一部分是几杜・亨凯尔给予她的。

在商界以及私人生活中，他的名誉并非纯洁无瑕，但他在普鲁士政府那里却被认为是一个"法国通"，特别是在经济问题上面。他之所以被召去咨询法国能够担负的清偿数额，就是因为上面所说的原因。一夜间，他就替俾斯麦准备了一个备忘录，他所有的材料都是从《哥达历书》[①]中得来的。即使这种消息的来源不怎么可靠，但几杜・亨凯尔对巴黎社会的安逸生活知道得很清楚，他深信，就这方面而言，法国是可以付出一笔极大的赔款的。因此，他便提出了一个5倍于盖松・勃兰克罗台所建议的数目，俾斯麦自然愿意得到50亿法郎，而不只是10亿法郎。几杜・亨凯尔最初提出60亿法郎，给法国留下还价的余地，最终，德国如愿以偿地获得了50亿法郎的赔款。

这是自古以来任何形式赔款中最大的数额。据说几杜・亨凯尔从这笔赔款中得到了一笔直接的收益，但这种说法始终没有被确认。不过，我们非常确定，他从战争中得到了极大的利益。事实上，俾斯麦就这样一种重大的事件求助于他，就已经使他得到了金融家的声誉。并且，俾斯麦又委任他为梅兹长官，甚至预备授予他普鲁士财政大臣的职位。几杜・亨凯尔拒绝了财政大臣的职位，因为他已在1871年和巴伊伐完婚，这种不合身份的婚配，已经辱没了他的地位。

自此以后，几杜・亨凯尔便专心经营他的私人事业，不再热衷从事政治事务，取得了比战前更大的成功。凡尔赛和议后数星期，他当上了柏林银行董事会主席。这是一个新创设的银行，拥有600万塔勒的资本。几年来，这个银行从事着一些高端的投机业务，获得了极大的收益，其中一部分当然归几杜・亨凯尔所有。但不久之后情形就变得非常恶劣，最后银行宣告整顿。年轻的几

① 《哥达历书》：欧洲皇室和高级贵族的目录，包括历史上的主要政府、军队和外交使团，还有一些各国的统计数据，于1763年首次出版。

杜·亨凯尔重整旗鼓，排除了不幸的“灾害”。他在德国、奥地利、俄国、法国南部等地开展了各种事业。他往往卖出一个产业后，再购进或创设另一产业。当第一次世界大战爆发时，几杜·亨凯尔已80岁有余，贵为亲王，与克虏伯家族在德国共分着实业的天下，他的财产超过了2亿马克。

银行的战争利益

得益于普法战争，德国一些大银行收获了极大的利益。最初普鲁士政府试图自己发行国债，不借助于银行，数额为2亿塔勒。虽然条件非常优厚——实收价88%，利息5厘——公众却观望不前，实际认购的款项只有三分之二。当战事开始之后，政府不得不把剩余款项交给某个银行集团，其中以迪斯康吐公司为首，它是当时柏林最重要的银行，法兰克福的罗斯柴尔德家族和勃兰克罗台经营的银行居第二位。战事的胜利自然会反映到金融界，公债上涨，这次的借款让一些有关系的银行都赚了钱。

迪斯康吐公司的盈余，在1869年时为140万塔勒，至1871年则增至560万塔勒。当赔款大批流入之后，其盈余在1872年又增至930万塔勒，约等于现代的227万英镑。但每一次大战之后，战争所带来的利益输送往往借由一种惨淡的现象宣告终止。这一次也是一样，1872年初夏发生了一次大崩溃。战争带来的大部分利益最终化解了这次大风浪，造就了兴旺的基础，使德国金融业安然度过了数十年。

普法战争是银行和银行家接济军事财政的最后一次大战，在日俄战争中，所有必需的军费是用通货膨胀的手段筹集的。在这一次战争之中，俄国银行中流通的钞票从6亿卢布增至12亿卢布，此外印发其他纸币1.5亿卢布。直至战争结束，他们才发行了一大笔借款，以修复全国金融系统和陈旧的货币制度。和平协议签署之后，首相惠特伯爵便着手发行一笔外债，全额约1.83亿英镑。在一次性筹集的借款中，这是数目最大的一笔。

俄国提出的条件极为优厚，这笔借款引起了全世界资本家的注意。柏林银行家孟特尔逊历来与俄国有密切的业务往来，然而这次德皇因为政治立场不同，不准任何人参加，因此他未能利用这次机会，至少未能公开这样做。

纽约的摩根银行，也许因为老约翰·皮尔庞特·摩根和德皇的友谊，也拒绝参与。因此，这笔借款约五分之四的数额，是在法国筹集到的，其余部分是在英国、荷兰和奥地利金融界筹集到的。

这时在法国处理这次借款的是荷兰银行的尼茨林，他被俄国沙皇召见时，强烈要求俄国付出6.25厘的利率，结果俄国只同意6厘。一些银行家的期望是，他们可以先不用把所认的银钱立刻解送俄国，可以暂时保留3个月，以6厘计息。从各方面来看，这一笔交易是可以使一些银行家得到极大利益的。由于各种广告的作用，人民踊跃认款。几天后，名单披露，尼茨林给圣彼得堡写信说："这次的借款是金融史上的一次伟大胜利。"

一些曾经参与这次谈判的俄国人，认为他们自己也应该得到一点利益。首相可可夫佐夫本来是打算在巴黎进行谈判的，他要求获得8万卢布，但惠特拒绝了。不过，对于1906年一些愉快的放款人，终究还有更大的失望等在后面。12年后，俄国沙皇被推翻，这笔借款就和俄国其他的借款一同被否认了，它的市场价值便一落千丈，化为乌有了。

第一次世界大战时的财政

当第一次世界大战爆发时，人们普遍承认，没有一个银行或一个银行集团有能力来承担所需的资金。有些国家曾像古罗马所采用的办法一样，特地留出一笔基金，以备战时之需。不过，仅是动员费用就已经超过了19世纪所有战争的开销。各国政府虽然赶紧在国内发行战争债券，但所得到的认款数额远远不够，不久，他们就只能借助于印钞机了（增加纸币的流通量）。

当十月革命爆发之时，俄国流通的纸币已经增至4倍；英国在战争时期，增加了15倍；德国增加了8倍；法国增加了6倍。18世纪时政府自己制造货币的手段，现在重新被采用。

最初，在战争进行之时，商品的需求量增加，促进了工业的繁荣，一些银行家获得了极大的利益，他们的事业迅速发展起来。但这些大量的利益立刻就因各种损失而消减殆尽。这时各国政府都颁布了延期付款令，并采用其他种种限制的手段，以缓和债务人的痛苦。全部银行业务活动，如证券市场上的交易等，全都暂停，物价上涨，生活费用随之飞涨。

在大战实际的金融事务中，银行家只处于次要的地位。他们只是得到了政府分派给他们的一些东西，作为他们工作的报酬。政府强迫他们请求人民承认债券，在发行借款的过程中，他们所得利益比以前明显减少。这种状态，从1914年到1918年，在各参战国中大致是一样的。

在德国，得益于普法战争的胜利，一些银行家所获得的利益曾经达到最高峰，然而在第一次世界大战最初的一年中，银行业竟位列少数毫无利益可得的事业名单。法国一些大银行则不得不把它们的红利，极大地降低到它们在战前最后几年中所付出的数额以下。在英国，工业和运输业非常繁荣，然而银行所得的红利却减少了。

摩根的借款

我们再看中立的国家，它们不久之后也开始从事军需的供给，但景象是完全不同的。在这些国家，银行占有极重要的地位。在荷兰、瑞典和西班牙，银行从接济军需中获得了极大的利益。在中立国金融家所获得的利益中，美国轻松夺得了第一名。

第一次世界大战发生前一年，老摩根已经去世了，他的儿子小摩根第一个认清了这次战争所蕴藏的无可匹敌的机会。他立刻设法供给大量借款，以垄断这个特殊的市场。他把1 200万美元借给俄国，又准备把1亿美元借给法国。这时华盛顿政府出面干涉，宣称："借款供给交战国，这是和中立国的精神相悖的。"

这样协约国就陷入了一种非常困难的处境，因为美国的货物实在是少不得的。英法两国设法用金银来偿付他们所购货物的货款，但这种办法是不能长久维持的。同时两国又不能用英镑或法郎来付款，仍旧维持着汇率，因此需要寻求一些别的办法。

在第一次世界大战刚开始时，美国是欧洲国家的债务国。这样，协约国就可以在美国筹款，用以清偿美国之前的债务，这种办法是美国政府无法反对的。因此，协约国卖出了所持有的美国债券，其中大半流进了摩根的手里。最后，摩根不顾政府的反对，处理了一些借款。这些款项的数额极小，不曾被人注意。

经过长久的奋斗，英法两国终于战胜了美国政府的反对力量。1915年3月21日，威尔逊总统发表演说，讲到政府关于借款的政策时，提出了一种逃避的方法。他承认政府正严防将借款供给交战国家，不过政府虽然不赞成这种借款行为，但没有权利干涉。

他的意思非常直白：从今天起，借款被许可了。摩根这时已经做了英国政府购买军需的经理人，此时其就想向英国提供一笔借款，但条件非常苛刻，英国财政部犹豫不决，不敢接受，同时在另一笔借款上也产生了许多困难。摩根与花旗银行、第一国民银行两家银行联合，共同为法国提供了一笔5 000万美元的借款。三家银行自己认购半数，其余半数设法要求公众认购，结果公众只认购了100万美元多一点。这足见当时美国资本家对于第一次世界大战抱有怀疑态度，缺少兴趣。

直到后来，军事输出品领域出现了特别兴旺的景象，一些美国人认清了战争对于他们来说是一项有利可图的事业，因此准备向该领域投资。摩根依旧持怀疑态度，他觉得要一次性募集一笔超过2亿5千万美元的借款，是绝对做不到的。

然而协约国的财政专家表示，如此大数额的借款反而比小数额的借款容易获得信任。他们最初的建议是10亿美元。美国方面拒绝了这种数目过大的活动，最后他们认为一半的数目也许是可能的。

因此，1915年10月，在摩根的保证之下，英法政府的5亿美元联合借款由一个美国银行集团开始筹措。从这时候起，战争事业（指借款给参战方以获利）在美国日益兴旺，每个人似乎都赚了钱。每隔一个短暂的时期，便会产生一笔新的借款。一直到美国参战为止，协约国所借的款项有20亿美元，其中大部分借款协议是在摩根的协助之下签订的。

摩根坚持说，他当这些借款谈判的中间人是没有报酬的。但如果我们信了他所说的，那就真的错了。当然，他从纯粹的金融中所得到的利益，与他从代订军火以及当许多大军工厂大股东所得的红利相比，的确显得微不足道。不过，他从替协约国开展银行业务中所得到的利益，是绝对不能被忽视的。1915年秋天的5亿美元借款，美国银行集团以96%的价格作价买进，以98%的价格抛出，除去中间各种活动费用100万美元，获得纯利900万美元。摩根是这次活动的领袖，但摩根的银行只得到了6.6万美元。1917年，法国又付给摩根的银行及其他银行150万美元佣金，1918年这些银行又获得了100万美元。

除了发行借款之外，他们还有一种利益的来源，就是买卖协约国所放弃的用于在美国购买军火的美国公债。在第一次世界大战时期，这笔公债中由摩根经手的约有20亿美元。经手一笔这么大的数额，说明他在证券市场中拥有操纵性力量，这是可以产生极大收益的。

有人认为，老摩根去世之后，银行的全盛时期过去了，但他们完全弄错了。老摩根在1913年所留下的约7千万美元（艺术珍品不计），几年之中他的儿子将其增值至少1倍，银行的权力比以前更大了。

政府做了自己的金融家

1917年春，美国参战之后，情形就改变了。欧洲各国的需用品的确并未减少，协约国更是迫切地要求向美国借款。协约国是绝不能像中立国那样利用这种机会的，于是华盛顿政府便放弃了旧时美国自由经济的原则，所有各项有关军事事业，便都归政府管理。政府监督军火的价格，并干涉运输业（虽然我们得承认，这是不彻底的）。在这项事业里面，摩根是持有极大股份的，因此摩根的利益受到了极大的影响。

这时美国政府与联邦储备银行（摩根曾设法使这个机构归附于他自己的组织，但始终没有成功）合作，向协约国提供了一些长期借款。这样，私人借款接济购买军火的事业就受到了极大的打击。在美国参战的19个月中，美国政府借给欧洲协约国69亿美元，休战后又出借25亿美元。在同时期，私人借款却不到15亿美元。

在美国的战时财政中，银行家的地位更加没落。美国所有的5笔战争放债，总数达201亿美元，完全具有一种真正国家债款的意义，并不是私人银行的工作。银行家当然也觉得他们应该做一个驯良的爱国者，踊跃认购，不过他们的地位已经大不如前。政府并不需要跟他们商量，他们不能提出条件，也没有真正获利的机会。

就摩根银行以前的活动来看，这次华盛顿政府所采取的新的战时政策，使其受到了最严厉的打击。摩根曾亲自谒见威尔逊总统，设法请求他略发慈悲，但最终没有成功。这种新制度，固然不是专对摩根而设，可是他的特权地位因此丧失了。摩根原本希望自己能够变成美国战时正式的银行家，最终希望完全落空了。

美国所经历的这种演变，也在全世界各国战时金融领域发生着。从那以后，只有在一些小国发生的战事中，或是在随时发生的殖民地战争中，银行家才能得到他们旧时所享有的机会。“战时银行家”似乎已经失去了他们的价值，现在各国政府都自己来处理战时财政。政府究竟能否把一些有钱的人交托给银行家的信用拿到自己手里呢？在19世纪中叶，这还是一个疑问，但此时战争的花费太高，已不是任何一个银行家或任何一个银行集团以一己之力能担当的了。

有人认为，政府可以把全国所有银行家聚集起来，把战时财政的任务托付给他们。不过，舆论对于这种垄断事业，必定表示反对，特别是在发生战争的时候。银行家一向在战争中取利，这已经有很长的历史，人们绝不会相信他们对战争利益不感兴趣。因战争而求助于银行家，这就是为银行家的利益而战了。这是此时最普遍的见解，即使在一些资本主义色彩浓厚的国度里，人们也是这样认为的。

有时，面临紧急时刻，政府也许仍不得不向私人银行家出让特权，特别是一些中立国家的银行家。然而在文艺复兴与19世纪这两个时期战争利益大量流入银行家腰包的现象，的确不会重现了。

Chapter 3

第三章

兵工厂

最早的兵器制造者

在历史上，最早从战争中获利的是披缨戴甲的人，其次是接济军费的人，直到后来，那些制造兵器的人才沾了光。

这个顺序似乎是不合常理的，制造兵器可以说是最古老的商业活动之一。人们也许会想，从古至今，这项事业应该能够产生极大的财富和权力，但事实不是这样的。古时候，制造兵器的都是一些丰衣足食的小富人家。无论在古希腊还是在古罗马，在军火业中都没有发大财的人。中世纪，制造兵器的人大都是一些地位很高的技师，他们没有任何野心。有些城市曾涌现出一些技术精湛的专家，例如塞维尔、托雷多、米兰、纽伦堡等，那里出众的技工是享有盛名的。在这些地方，一些杰出的熔铁匠得到了资产阶级的地位，但再没有比这更优越的了。

最先得到实际利益的并不是兵器制造者，而是军火商。这种商业活动一部分是由矿主从事的，他们把原料供给制造兵器的人，再收购他们制造完成的兵器。我们已经看到，15世纪和16世纪一些大的五金商人，如雅克·科尔和雅各布·孚格，是如何经营军火生意的。在这种商业活动最初产生之时，它就具有了一种极端国际性的特质。雅克·科尔虽然是一个基督教徒，但他是依靠供给土耳其人铜和其他原料发家的。雅各布·孚格是教皇的银行家，但在土耳其与威尼斯之战中，他也为土耳其提供军火。

16世纪末叶，英国的军需厂从事着大规模的出口活动。英国所制大炮，五分之四是秘密输出的。后来伊丽莎白女王开始干涉，她给了两个宠臣出口军火的专权。最后在萨塞克斯地区，一些兵器制造商开始积聚起大量的财产。17世纪，一些瑞典的钢铁工厂（其中一部分是由荷兰侨民经营的）提供了半数欧洲所用的大炮。

1704年，德皇把开采上西里西亚（中欧历史区域，现分属波兰和捷克）锌矿的权利交给了商人乔治·吉希，于是他开始用铜铸炮。同年，近代钢铁巨子琪恩·玛丁·文特尔收购了当时已经具有重要地位的何林铁厂，加入洛林的军火业。稍后，斯多姆家开始在萨尔活动。卢森堡地区富含铁矿，是军械制造业的主要区域，卢森堡城堡便是最大的主顾。在七年战争之中，单是一个制造商，就曾供给该城堡圆炮弹4 650枚、炸弹114 000枚、一般炮弹4 700枚，这是当时的最高纪录了。

一些制造兵器的商人，在出卖时显示出一种欠缺思考的态度。任何人只要出钱，他们就会把兵器卖出去，这种现象不久以后就引起了欧洲各国政府的恐慌。

在法国路易十四时期，柯尔勃脱创办了一个国营的军火机构。这个机构从一个五金厂起步，最终在全国各省都建设了军火工厂。其他国家的政府却没有如此魄力，它们只是统制这项产业，采取发给营业许可证的办法。不过到了17世纪和18世纪，各国差不多都有了国营的制造短铳和弹药的工厂了。

一些新兴的好战国家，很快便发展起了大规模的国营军火制造业。普鲁士斯潘道的短铳厂成立于1722年，不久后雇用的工人已经超过250人。在同时期，俄国在萨斯脱兰克有一家彼得大帝创办的工厂，所雇工人近700人；在都拉有一家工厂，雇用工人约500人。到了18世纪末，一些私人经营的兵器制造厂和这些国营大工厂相比，就相形见绌了。在兵器制造业中，最富有的是制造军舰的企业。一直到拿破仑时代，国营军械制造业始终在欧洲大陆占据优势地位。

克虏伯最初的艰难

直至19世纪，民营军火制造业才取得了真正重要的地位。当时英国所发生的经济自由主义运动，替民营军火商开辟了自由发展的大道。在工业自由的原则下，大多数民营军火商希望获得更多利润，这促使他们增加产量，把国营制造业渐渐地甩到后面去了。不过这个过程非常缓慢，它的完成，并非没有经过严酷的挑战。总之，在拿破仑战争以后的和平时期，有利于军火行业发展的因素是很少的。

然而在19世纪中叶，当拿破仑三世即位的时候，出现了一种新的现象。一些人开始崭露头角，这些人至今仍是军火行业的标志性人物。不过，现在我们所要提到的这些制造厂，最初没有一家是从事军火制造业的。在英国，亚姆斯特朗在1848年创办了一家制造水电机的工厂，直至9年之后，在克里米亚战争（1853—1856年）后，才开始制造枪炮。维克斯钢厂创设于1828年，但直至1869年，才开始生产制炮用的钢。欧洲大陆各国的情形也是这样。克虏伯工厂最初制造各种钢器杂件，直到1844年，才开始制造来复枪和大炮。施耐德（法国企业，现在的施耐德电气公司已是世界五百强）起初经营蒸汽机事业，20年后才着手从事军火事业。

在以上“四大金刚”中，牌子最老的是克虏伯工厂。克虏伯曾是欧洲一个响亮的姓氏，其家族在1587年到鲁尔河畔的埃森城定居，第七代掌门人弗雷德里希·克虏伯于1812年创建克虏伯钢铁厂后，其后几代克虏伯掌门人不断将家族产业发展壮大。但是在弗雷德里希·克虏伯创办钢铁厂的最初几十年中，其营业状况非常糟糕。他少年时从祖母那里得到了一笔12万塔勒的遗产，在1812年时创设了一个钢铁厂。他大概受到了拿破仑战事很大的影响。当拿破仑发动战争时，大陆封锁政策使英国的钢铁无法运至欧洲大陆，因此钢铁产业便得到了极有利的发展机会。各地都在试验炼钢，以期望达到与英国舶来品同等精良的程度。无论是正式的技师，还是制造商，都在争相发明新的炼钢技术，正如

100年前一些冶金者竞相造金的情形一样。弗雷德里希·克虏伯也加入了这场竞争，但失败了。没过几年，他的全部家产就荡然无存了，他只得离开埃森的大宅子，住到一个管家的茅屋里去。

1826年，弗雷德里希·克虏伯身负债务，因病去世，他的儿子阿尔弗雷德·克虏伯接管了工厂。这时他还只是一个14岁的孩子，手下只有6个工人。这个工厂的业务包括制造铸币用的小型机械、缝纫用具及其他小物件。10年来，它每年的周转资金平均为2 000塔勒。

阿尔弗雷德·克虏伯

阿尔弗雷德·克虏伯（1812—1886）是克虏伯家族事业的奠基人，著名的“火炮大王”，通过销售钢铸火炮以及其他军火致富。克虏伯工厂生产的克虏伯大炮威力巨大，可以说，没有克虏伯大炮，德意志的统一便要推迟许多年。

直到1843年，阿尔弗雷德·克虏伯在英国研究了一年半后，才大胆着手制造钢制来复枪管。从事这项事业是每一个工程师的梦想，但不是一个商人全部的计划。不久，阿尔弗雷德·克虏伯就给普鲁士陆军部部长送了一件工厂生产的样品，但部长回信说，普鲁士的军械已经非常精良，不需要再改良了。这次被拒之后，阿尔弗雷德·克虏伯又把他的样品送给法国陆军部部长。这次对方的回信非常客气，并且表示了敬佩之意，但依旧没有向他订购货物。这次失败的原因是阿尔弗雷德·克虏伯要价太高了。

阿尔弗雷德·克虏伯制造大炮的经历也很曲折。当时普鲁士政府的态度让人更满意，他们立刻要求阿尔弗雷德·克虏伯制造一尊，但因尺寸太大，阿尔弗雷德·克虏伯当时无法承办。两年后，他完成了第一尊大炮的制造。他考虑了很久：是把这尊大炮送到柏林去，还是送到巴黎去呢？最后他决定送到柏林去，但1848年3月革命发生后，这尊大炮便一直被搁在工厂里。

施耐德兄弟

和克虏伯家族的发展相比较，施耐德兄弟（弗朗沙·阿道夫·施耐德和约瑟·欧仁·施耐德，是从普鲁士移民到法国的贵族，这两兄弟创建了施耐德公司）似乎从一开始就一帆风顺。施耐德兄弟在1836年买下了克勒索的一家铸造工厂。克勒索是军械制造业的中心，路易十四时期，这里已经有了一家皇家制造厂，生产供给法国军队的大炮。1748年，这里又创设了一家私人的铸造工厂，路易十四是其大股东。这是拿破仑时代几家主要的工厂。

不过自从1815年后，制造枪炮的工作停顿了，其他制造品也没有收获什么利益。这项事业已经转手好多次了，其中有几个英国资本家想设法经营，但没有成功。这家克勒索铸造厂在20年间经历了三次金融上的失败，投资人损失约3 000万法郎。因此，施耐德兄弟所企图的，显然已经不再是一个“金矿”，经过三次失败之后，投资者需要具有极大勇气。

施耐德兄弟所出接盘价为260万法郎，虽然当时人们对于数百万的数目，并不像现在的人们觉得那样容易获得，但这个数目确实不是很大。这笔钱他们是从哪里得来的呢？这绝不是他们从家里拿出来的。他们都不过30多岁，其中一个一直在巴黎塞伊尔银行当雇员，另一个在色当附近的钢铁工厂里当经理。这项事业是在塞伊尔银行支配下开展的。当他们把克勒索铸造厂接收之后，立刻改组为一个公司，资本约为400万法郎，定名为施耐德兄弟公司。这里面有一些匿名的股东，我们可以确切知道，施耐德兄弟所出的资本绝对不会很多，塞伊尔银行是他们的后台老板。

在路易十四时代，塞伊尔的祖先已经在经营军火事业，并支配着一家大炮制造厂。这位巴黎塞伊尔银行的行长，也做着大规模军需业的生意。塞伊尔家族在克勒索铸造厂一向拥有相当的势力，直到转手时，还是董事会中的代表。

最初施耐德兄弟以及他们的子孙，虽然始终没有拥有过大额的股份，但他们自始至终是这项事业真正的管理者，并且是这项事业公认的领袖。那时候，蒸汽在法国依旧用得很少。欧仁·施耐德凭借敏锐眼光，立刻认识到蒸汽可以为事业带来极大机会。于是，他们在法国安装的第一台蒸汽锤，在施耐德厂里开始工作了。法国的第一个蒸汽火车头，以及法国汽船的第一台发动机都是在这里制造出来的。这时军火的制造还没有用上蒸汽装置。

不久，施耐德兄弟开始参与政治，这对军火行业而言是绝对少不得的。在帝制时代，弗朗沙·阿道夫·施耐德已经被选为众议院议员，他过世后，位置由他的兄弟约瑟·欧仁·施耐德接替。1848年的革命，曾经一度引起恐慌，但路易·拿破仑亲王最终被选为总统，施耐德重新获得了坚固的根基。这时欧仁·施耐德被任命为农商部部长，变成了一个热心的波拿巴党徒。拿破仑三世发动政变后，他便当了立法团团员，不久就做了副团长。

1852年，欧仁·施耐德不仅在政治上获得了极大的荣耀，在物质上也取得了巨大的成功，因为这一年有四艘战舰交由他的工厂制造。这时，这个公司的资本已经由400万法郎增至600万法郎，第二年又增至1 400万法郎。第三年，欧仁·施耐德被任命为法兰西银行总裁，之后做了军队的最高名誉军官。从这里我们可以看出，崇高的地位和商业是有着密切关系的。克里米亚战争时，施耐德工厂获得的战舰和海上大炮的订单源源不断，法兰西对奥地利的战争又使其获得了更多的生意。1863年，施耐德工厂的资本增至1 800万法郎。此时的商业非常兴旺，特别是制造舰船、架桥和制造火车头等行业。施耐德工厂也开始制造陆战的军用品，但在这方面，施耐德工厂还没有充足的设备，不能进行大量的生产。

克虏伯到法国前的安排

克虏伯看清了法兰西第二帝国为法国带来的绝妙机会后，就以惊人的毅力，艰苦奋斗，以图在法国有立足之地。阿尔弗雷德·克虏伯还设法使英国变成他的主顾，借以证明克虏伯工厂的技术水平已经胜过英国的机械工业水平了。他把最新的大炮模型送到英法两国展览。他为了使人产生深刻的印象，还把几块硕大无朋的坚实钢块一同进行展览。有一块钢块因为分量过重，竟在巴黎街道上把一辆货车压坏了，钢块最后被送到陈列处时，又使地板陷了下去。

虽然他做了如此绝妙的广告，但顾客还是裹足不前。阿尔弗雷德·克虏伯把他展览的模型送给各国的君主，希望他们马上向他订购货物，可是国际军火市场不是那么容易进入的。所幸，最后还是有一个诚恳的主顾——埃及，向他订了6尊在巴黎展览的最新式大炮。跟着又有一单，这次订了30尊。虽然阿尔弗雷德·克虏伯用尽了手段，设法使拿破仑三世对他的大炮产生兴趣，但法国对于克虏伯的产品依旧毫无反应。想做拿破仑三世生意的当然不止他一个，这个皇帝素有“宝座上的炮手”之称，现在他的确被一批想出售军械或炸药的人包围起来了。

在这些人中，有一个年轻的瑞典人，名字叫阿尔弗雷德·诺贝尔，这时他正在试验新式炸药。诺贝尔家族世代经营军火事业。他父亲在克里米亚战争时期，在俄国推销地雷、鱼雷，获得很多收益。但是几年的太平岁月，使诺贝尔家族趋于衰落，于是几个儿子不得不远走国外，寻求新的资源。拿破仑三世是非常喜欢照应外国科学家的，他自己并不用掏腰包，把这位青年工程师介绍给了一个名叫披尔哀的银行家。之后这个银行家出资10万法郎，帮诺贝尔在瑞典创办了一家工厂。这给了诺贝尔一个发展的机会。不久，在普法战争中，他研制的炸药显示出了惊人的威力——虽然使用这种炸药的是普鲁士军队。

阿尔弗雷德·诺贝尔

阿尔弗雷德·诺贝尔（1833—1896），瑞典著名的发明家、商人，他发明了硝化甘油炸药，并申请了专利，成立了炸药公司，积累了巨额财富。他立下遗嘱，将大部分财产作为基金，用年利息奖励在物理学、化学、生理学、医学领域或为和平事业做出巨大贡献的人，这就是“诺贝尔奖”。

克虏伯在巴黎的目的有两个：一是招揽生意，二是筹集一点资本。他想要筹集的资本，数量上当然与诺贝尔所得到的不同。1865年，他计划筹集一笔2 000万法郎的借款。他和披尔哀兄弟创办的流动信托银行进行了谈判，目的是在法国创设一个钢铁工厂，但这个计划最终并未实现。之后他经巴黎经纪人哈斯介绍，和另一家银行进行了接洽，这家银行是属于塞伊尔的。前文提到过，他就是施耐德公司的后台老板，并且和克虏伯也做了多年的交易。哈斯以一个商人特有的艺术，提出了他的建议。“在法国，如何能找到一个比这个更安全、稳当，利益又诱人的外国投资呢？”他问，“现在别的行业都在走下坡路，只有军火行业会兴旺啊！”可是这样一大笔借款，克虏伯没有提供足够的担保品或是风险金，于是这次的谈判也失败了。

不过，塞伊尔展示出了极大的诚意，因此，克虏伯便立刻赶到柏林进行布局。他去见了俾斯麦，说法国已经愿意提供他所需要的资本，但如果他接受，他的事业就将变成法国的产业了，至少一部分会是这样。如果政府希望克虏伯仍旧做普鲁士人，就应该给予他金钱上的帮助。

俾斯麦早就计划和奥地利开战，他中了克虏伯的诡计，非正式地给了克虏伯150万塔勒，作为订购枪炮的费用。但克虏伯并没有停止接受塞伊尔的资本，没过几天，他就从塞伊尔那里得到了一笔400万法郎的借款。

这种金融上的狡诈做法，无论是本国的还是国际间的，都是克虏伯在当时欧洲政局紧张时期常用的手段。

在他推销商品的时候，这种手段也同样被采用，克虏伯是造成军火市场空前国际化的一个最热烈的赞助者。的确，他受到了自己国家的轻视。即使到了1870年，普鲁士陆军参谋长冯·毛奇对于克虏伯的钢制炮，依旧持怀疑态度；他始终赞成用铜，竭尽全力反对用钢。后来克虏伯虽然得到了普鲁士政府及俾斯麦的极大重视，但他做生意的态度始终不曾改变。

他在法国推销货物的时候，总让法国人用信用交易，以报答他们帮助他开设工厂的恩德。他在巴黎散布一个故事，这个故事是没有任何文书根据的。故事说，克虏伯工厂的开创是拿破仑一世所组织的竞争的结果。拿破仑一世曾提供100万法郎，准备给予任何能够生产足以与英国竞争的钢铁的人。克虏伯得到了这笔资金。不幸的是，那时法国的权势被消灭了。这个工厂虽然没有能够为拿破仑一世制造军火，但它现在可以为拿破仑三世制造。虽然诸如此类的说法流传着，可是他依旧没有得到任何交易的机会。有一次，一单300尊钢炮的生意差不多定下来了，但最后法国当局决定继续制造铜炮。数年后，克虏伯又拿了一些新式模型，试着向拿破仑三世推销，结果又失败了。

1868年，巴黎和柏林间的形势一天比一天紧张，这时克虏伯的巴黎经纪人向拿破仑三世呈送了一份一个沙俄军官和一个普鲁士军事委员会在埃森所做实验的报告书，希望这能够让他感兴趣。随后克虏伯亲自写了一封信函，并附有一份最新的价目单，送给拿破仑三世。他在信里写道："我深深地期望这四张最新的价目单，特别是我为欧洲各国政府所制造的钢制炮，能够引起陛下片刻的注意。"但所有这些努力都没有奏效。勒柏夫大将是一个赞成铜炮的人，他对于克虏伯研发的钢炮做出了一份极不利的报告。

克虏伯的全盛时期

在1866年的战争中，克虏伯把他的钢炮同时卖给了普鲁士和普鲁士的敌国。在战争正式开始前数月，普奥两国决定以武力来争夺霸权。除了财政上的准备外，军事上的准备也同时积极进行，双方的军营都被严密地武装起来了。

这时，在克虏伯的工厂中，工人人数已经从1862年时的2 000人增至8 000人，但终因订单太多，拖延了交货日期。普鲁士因为急于取货，预付了大笔款项。

奥地利定制了重炮24尊，其同盟南德意志诸联邦也急急地定制了军备。巴登与瓦登堡也向克虏伯工厂购买大炮。最后，在1866年4月，巴伐利亚也定制了48尊大炮，但克虏伯工厂的工作能力已经达到了极限，这一单没能成交。

柏林当然知道克虏伯工厂正在替双方工作。政府发出禁止出口的命令，或是在军火运至普鲁士敌国的途中对其进行劫夺，是非常容易做到的。可是，政府害怕采用这样的手段将会引发严重的后果。最终，普鲁士政府只要求克虏伯在得到陆军部部长的批准之前，不能把任何枪炮送给奥地利。

可是克虏伯的回答非常圆滑，他说还有几个月时间就有一批货物要被送去了，但他一定会事先通报国王，否则绝不送一尊炮到奥地利去。政府的要求他绝难做到，这样做就是破坏他与顾客的契约了。在他给龙恩的信里，他直率地说道："我很少了解政治情形，我一心一意地经营着我的事业。如果要我破坏我对于祖国之爱和我对于商业荣誉之爱之间的平衡，我情愿把两者一同放弃。我可以卖出我的工厂，做一个独立而富有的人。"

冯・毛奇绝对不是一个软弱的人，更不会多么仁厚，但他对于克虏伯的决绝态度竟也只得忍气吞声，不敢多事。显然，大战动员在即，他不希望在这时候和克虏伯起冲突。在这次占了上风后，克虏伯的胆子更大了，他对冯・毛奇进行了进一步的攻击。他去见了俾斯麦，诉说普鲁士如果缺少重炮结果会如何，他还准备去见普鲁士国王，对冯・毛奇进行弹劾。就像通常情形中一样，他的这种做法是为了自己的利益。当他把陆军部队里几个最能干的人物罢黜之后，便突然提出了金钱上的要求，说他急需200万塔勒。

这种贪得无厌的性格太可怕了。在过去几年中，克虏伯通过他的事业所获得的盈余，确实比以前增多了。除了本国、奥地利和南德意志诸联邦的订单外，他还曾和许多其他国家（欧洲的和别处的）订立了一些有利的契约。其中，订单金额最大的是俄国，已达150万塔勒。这时克虏伯个人的产业在1 000万~1 500万塔勒之间。在埃森附近，他建造了一所大别墅，名叫丘卢，占地面积很大。他在那里过着奢华的生活，款待着各国的君主等贵客。凡有外国军人来参观他的钢铁厂，他都予以特别热诚的招待。

所有这些都是需要钱的，并且克虏伯一直在计划扩大他的工厂，建设新车间，这需要更多的钱。现在他虽已年逾半百，然而依旧像年轻时，怀有像他父亲一样的雄心。他的工厂和埃森市就成了他释放精力的广阔场所。这样，埃森这个鲁尔河岸边的偏僻小地方，就成了现代工业的中心。克虏伯在这里占据着最高地位。这种迅速扩大生产规模的成功并非没有经历过财政上的困苦。克虏伯产品的价格很昂贵，因为它们的成本太大，他依旧时常闹着金融上的恐慌。

但有一件他引以为荣的事，就是他不接受银行家的贷款。不过他也并不是一直坚持这个原则，他只是设法避免求助于职业银行家。在遇到需要钱的情况时，他认为像他所做的这样一种重大的事业，政府是应该出来帮助的。

因此，这一次他又向柏林政府要求补助，这是符合他的原则的。普鲁士政府正处于战争的前夜，它虽不是用了非法的手段，但也用了种种迂回的手段，以取得所需要的金钱，现在政府哪里有钱满足克虏伯的要求呢？然而普鲁士政府总是极力避免惹恼这位军火制造商，在几星期内，他所做的工作是被急切需要的。因此，冯·毛奇急忙通知克虏伯，在100万塔勒之内，他是可以向政府银行预支的。

克虏伯对此大发雷霆，他亲自去见普鲁士国王，再次威胁说如果不立刻付给他所要的钱，他就要卖掉他的工厂。国王用最慈厚的口吻向他解释，说他以前已经拿到100万塔勒的定金，现在可以再以银行借款的名义给他100万塔勒。最后，克虏伯表示让步，接受了这种付款形式，不过，这笔钱并不从国库里出，而是由一家银行供给，这让克虏伯认为是“耻辱”。这是在对奥地利作战前几天发生的事。

普鲁士胜利，克虏伯自然是不会没有利益的。虽然他的大炮并没有显示出异常的威力（有几次炮筒炸裂，导致严重的意外），但在这次战争后的几年中，克虏伯的军火事业有了突飞猛进的发展。在一次与其他大炮的竞争试验之后，克虏伯得到了普鲁士海军的大量订单。在此之前，普鲁士海军所用的大炮，一直都是由亚姆斯特朗工厂供给的。军火竞争依旧激烈，新的军火工厂成立了，然而，冶铜或炼钢这个陈旧的问题，依然没有解决。

在法国，施耐德工厂发展得很快。厂主欧仁·施耐德自1867年以来，一直当着立法团的团长，并且持续受到拿破仑三世的照顾。不过，施耐德工厂只有在海军军火领域才和克虏伯工厂发生直接竞争关系。

普法战争中的军火

至于陆战，直到普法战争爆发时才使克虏伯家族和施耐德家族的利益发生冲突。在这次战争前，双方在军火市场中都还没有取得优势地位，克虏伯所占的份额更是少得可怜。当战争开始的时候，阿尔弗雷德·克虏伯要求供给政府一批价值100万塔勒的大炮，可是这个要求并未得到柏林政府的批准。他所提出的其他建议也都没有被采纳：一是政府采用他在三年前巴黎展览会上得奖的千磅大炮，轰炸法国主要炮台；另一个是政府采用一尊他们工厂专门设计的用于射击巴黎上空气球的大炮。

然而克虏伯所产大炮的数量比前一年增加了1倍，在战事进行时，克虏伯工厂所输出的大炮有百尊之多，为全部产量的四分之一。这时工厂所雇工人共有9 000人，产业非常繁荣。阿尔弗雷德·克虏伯在埃森市附近的山上建造了一所富丽奢华的府邸，克虏伯全家在这里过着贵族般的生活，这是他的财富与权力的一种标志。

但真正获得的战争利益还在后面。议和之前（普法战争中，法国战败，拿破仑三世被俘求和，双方于1871年议和），克虏伯向柏林政府提供了一种新式野炮的图样。他和陆军部队进行了一次长时间的讨论，最后在1874年，他获得了收获。政府决定，德国野炮队各单位一律配备克虏伯工厂生产的新式炮，他们定制了2 000尊，约定在可能的时间范围内尽早交货（普法战争中，普鲁士军队装备的克虏伯钢管线膛炮发挥了很大的威力，在一定程度上影响了战局）。

施耐德的情形也是一样，1870年的普法战争使其工厂进入一个新的发展时期，但发展过程一波三折。大炮的制造，对他而言早已停顿了，现在他赶紧重新整顿，以补充法国炮队实力的不足。在战争进行时，施耐德供给政府铜炮23队，钢炮2队，机关炮16队，共计250尊。施耐德工厂为这次生产所建造的车间，为工厂奠定了以后在法国军火行业中拥有崇高地位的基础。

从政治立场上看，事情却并不十分顺利。1870年9月4日，议会召开会议，施耐德担任主席。这时正值拿破仑三世在色当（法国东北部城镇）被俘，国会开始对施耐德提出质疑。施耐德想方设法保全自己的地位，但最终不得不从政治舞台上退了下来。在这个不幸的时期，其亲信兼党徒向莱昂·甘必大[①]说了一些好话，因此，在战争进行时，竟无人敢对施耐德的工厂有所干扰。但在共和政体组织之中，风云就多变了。

当时总统阿道夫·梯也尔[②]产生了将军火制造事业国营化的想法，他准备创立一个大规模的全国组织，并将施耐德工厂收归国有。但在这个计划尚未正式确定之前，就被放弃了。共和政体依旧维持着资本主义制度，就像第二帝国一样尊重私有产业。因此，施耐德工厂仍旧保持着私有企业的性质，并在共和政体之下有了进一步的发展。1873年，它的资本增至2 700万法郎。

法国方面，1870年的战争反映出了军火行业中另一个重要的事实，即与美国制造商有密切合作。在战前几年中，美国人伊利法莱特·雷明顿的工厂已经供给了法国政府14.5万支卡宾枪，那时候雷明顿的军械像它现在的打字机一样有名。因此，在战争爆发的时候，雷明顿和法国政府发生了密切的关系。战争中，法国的军火来源明显不足，法国政府委托军事当局在美国购办。雷明顿的职务和摩根在第一次世界大战中的职务是相似的，只是业务规模比摩根集团小得多。他提所有购货金额5%的佣金，随后减至2.5%，但就是这样低的佣金，也使他获益不少。

---

① 莱昂·甘必大：法兰西第二帝国末期和第三共和国初期的著名政治家，拿破仑三世被俘后，法国成立临时国防政府，莱昂·甘必大掌握实权。

② 阿道夫·梯也尔：法国政治家，于1871—1873年任法兰西第三共和国首任总统，是镇压“巴黎公社”的罪魁祸首。

伊利法莱特·雷明顿

伊利法莱特·雷明顿（1793—1861），美国火器制造商、发明家，他发明的步枪受到各国青睐，雷明顿武器公司生产的猎枪、霰弹枪都是世界一流的。

雷明顿并不限于供给他自己的产品，他也使用才能，把军需用品以尽可能快的速度送达欧洲。

经过汤姆斯·理查逊的居间介绍，他买到了美国陆军在内战时留下的3.7万支来复枪。他对这批枪进行了一番仔细的修理，随后便把它们运到了法国。美国海军送给了雷明顿9尊大炮，以急速补添9尊新炮为条件，美国海军还卖给了他1万支他们认为已经不能再用的来复枪，但其实它们是可以用的。不过他最惊人的成功是和美国一个兵工厂建立了联系。这就使他能够在短时间内送交子弹1 700万发，这大约是美国现存总数的6倍。

这种活动从政治和商业两方面来看，不是完全没有缺点的，但最终货被送出，钱也赚了。

在战争中，法国政府为了增加国内军火的制造量，聘请美国工程师本杰明·伯克雷·哈奇开斯在亚维农创办了一个工厂。休战后，工厂便立刻迁至圣丹尼斯。这个兵工厂便是后来法国一家最重要兵工厂的发端。在制造机关枪方面，它现在已驰名全球了。

美国的兵工厂

法国得到的这种巨大帮助，可以被认为是其在美国之前历次战争中所给予援助的一种回报。独立战争时，美国得到了法国的军火援助，美国军火业的基础还是法国帮忙打下的呢！

1802年，一个从法国移民到美国的年轻人杜邦，回到法国筹募资本，在美国创办了一家火药厂。这种产品一向是由英国供给的，不过英国所要的货价很高，并且故意延迟出口，以随时削弱美国的自卫力量。

杜邦把他的计划向巴黎政府提了出来。拿破仑认为无论在经济上还是在政治上，这一计划都足以给英国以打击，于是批准了这个计划。法国政府筹划了一个建造任务，将其提供给有能力的制造厂。另一方面，美国总统杰斐逊批准了工厂的建造，只是不让设立在人口稠密的地区。因此，杜邦的工厂便于19世纪初在特拉华州的威明顿正式成立。这家工厂至今仍在杜邦家族的手里，历经四代，已变成美国最大的化工厂和全世界最大的火药制造厂了。

杂志封面上的杜邦

皮埃尔·杜邦（1870—1954），原是法国贵族，法国大革命后被拿破仑驱逐出境，后移民到美国。他和次子厄留梯尔·伊雷内·杜邦创建了杜邦公司，最初从事军火事业，后来转向化工产业。

关于杜邦的传说中，有许多具有教育意义的故事，其中讲到他如何兜揽每一单订货，不论其是否符合美国的政治利益，他都把它们抓住了，用以巩固工厂的发展。事实上，美国军火业最初的成功，并非来自军队订货，虽然这种订货并不是没有。直到克里米亚战争时，杜邦在输出事业方面才有了真正的发展，以前比较重要的事业只是在国内市场上满足一些私人的需要。

一直到19世纪70年代，美国土地的所有权仍要靠来复枪和短铳来保障。印第安人的反抗被镇压后，殖民者之间又常为了争夺土地而发生冲突。这就导致国内对军火的需求非常大。接近19世纪中叶时，美国两三千万人民所消费的可以搬动的军火的数目，比欧洲同样人口所消费的多好几倍。

这种大量的消费，给当时已有极大发展的美国军火业创造了庞大的市场。

大炮的制造依旧让欧洲国家去做，但制造来复枪、卡宾枪、短铳以及它们的弹药，已变成一种独立的大工业。在美国的数十家工厂之中，三家是享有盛名的，即柯尔特（著名的轻武器制造公司，创始人是塞缪尔·柯尔特）、温彻斯特（著名的机械制造公司，创始人是奥利弗·温彻斯特）和雷明顿。柯尔特制造的最早的新式手枪（即著名的左轮手枪），虽然每支价格高达200美元，但使用范围很广，在美国人和墨西哥人及印第安人所发生的冲突中，这种手枪使用得最多。温彻斯特生产一种双响来复枪，使它的声誉得到迅速传播。雷明顿生产的负有盛名的卡宾枪，在装弹方面比欧洲国家生产的任何式样的枪支都灵便，在输出方面便有了最稳固、重大的发展。

塞缪尔·柯尔特手持左轮手枪

塞缪尔·柯尔特（1814—1862），美国著名枪械设计师、工业家、柯尔特制造公司的创始人。1835年，柯尔特设计出了新式左轮手枪。

雷明顿军火事业的全盛时代是美国内战时期。这次残酷的战争，从各方面看来，最终决定了美国的经济发展方向，并对军火业的发展有着显著的影响。老摩根就是从这次战争中发迹的，他在北方买了5 000支卡宾枪，据说都是已经不适合再用的，因此每支枪只花了3.5美元。之后他把它们以每支22美元的价钱卖给圣路易的弗兰蒙将军——在这次战争中，将军们一般需要自己购买军火。

后来到了付款的日期，军事当局提出了抗议，但老摩根向法庭提起控诉，最终取得了胜利。在这次交易中，他所得到的纯利不下10万美元。

内战的结束，对一些军火制造商来说是严重的打击。这样一个有利的国内军火市场似乎不会再有了，因此一些制造商设法改变经营方向，转向从事出口事业。在随后几年中，单是雷明顿一家在欧洲、非洲和南美洲售出的来复枪，就有约50万支。普法战争之后，其又获得大批订单，作为俄土战争的准备。一方面，土耳其军队曾有普遍置备雷明顿卡宾枪的计划（计划数量为40万支），但终因土耳其商人所要求的“回扣”太多而没有实现；另一方面，土耳其向雷明顿订购了2.1亿发子弹，这个数目是之前闻所未闻的。同时，俄国也向其订货。雷明顿在交货方面总是力求迅速。如果有一些向地中海沿岸方向去的船只延期，一定是因为古巴爆发了要求摆脱西班牙殖民统治的起义，产生了急于交货的新订单。

相对和平的岁月

19世纪的最后20年，对于国际军火事业而言是一段宁静的时期，或者可以说是一段和平发展的时期，世界忽然变得死寂般太平。世界版图上的“变色”，例如对非洲的瓜分，都只经过一些极小的军事征伐就成功了，所用的军火数量微不足道。在殖民地远征中，各国政府对于每一发弹药的成本，都要仔细加以计算。例如，在对苏丹的远征中，霍雷肖·赫伯特·基钦纳（英国将军，于1897年10月率军入侵苏丹）事前草拟了一份精密的成本估计，一分钱也不会多花。

直至19世纪末，一股军事上的微风又开始鼓动政治气候。美西战争、布尔战争（英国在非洲南部与布尔人之间发生的战争）、日俄战争中的交战双方，相继向军火制造商订货。但在这些战争之中，交战国发射出去的全部子弹，尚不足100万发，而仅美国内战所用的子弹就不下500万发。

政治形势对军火既已不能形成充分的需求，一些制造商便开始开发新的技术手段，使各国产生继续添补军备的必要。接近1880年时，瑞典工程师诺登菲尔德制造了第一艘潜水艇。一百年来，这项研究持续进行，但没有取得真正的成功，即使到现在，各国海军当局还是对潜水艇持怀疑的态度。当时希腊率先买了一艘。

1884年，美国人马克沁发明了一种每分钟可以打出600发子弹的马克沁重机枪。这种重机枪是真正意义上的以火药燃气为动力的自动武器，之后这种武器被广泛采购，对军事产生了极大的影响。第一个购买这种机枪的是英国，英国当局还把英国国籍授予了它的发明者。同时马克沁和诺登菲尔德合办了一家兵工厂，马克沁负责技术事务。

马克沁与他发明的重机枪

马克沁（1840—1916），生于美国。他在美国被爱迪生排挤，不得已定居英国。马克沁是著名的枪械设计师和火药专家。他发明了著名的马克沁重机枪，该重机枪不久就取代了加特林机枪。

在军火行业里有一个非常重要的人物，他是希腊人，生于小亚细亚，名叫巴希尔·扎哈洛夫。扎哈洛夫最初从事军火行业时，是1877年充当诺登菲尔德在巴尔干的经纪人，随后他的交易便发展到了整个欧洲。当他在伦敦与诺登菲尔德共事时，对于这个行业所有的谲诈机巧，已经熟稔了。诺登菲尔德与马克沁的事业合并之后不久，扎哈洛夫就和马克沁非常相合。诺登菲尔德与马克沁这两人中，马克沁的天分较高，并且前途更远大。后来诺登菲尔德拆伙，在巴黎创办了一个新厂，但之前联合的事业继续经营。后来，马克沁枪炮兵工厂以130万英镑的价格卖给了维克斯工厂（当时英国的一个军火巨头），当时就是扎哈洛夫代表马克沁谈判的。马克沁被维克斯工厂打倒了，但扎哈洛夫并没有被打倒，后来他做了这家兼并公司的领袖。

扎哈洛夫与夫人

1880年前后，英国是军火业技术发展的中心，但在十年后，德国发明了一种新的方法，克虏伯厂出产的铁甲板胜过了之前一直采用的哈凡方法生产的产品。

不过，老克虏伯并没有看到这种新的发展受到全世界注意的场景。他在

1887年去世，他的事业由他的独生子弗雷德里希·阿尔弗雷德·克虏伯继承，但这个儿子并不具备他父亲那样的才干。他在四十年的军火制造事业经营中，积聚了1亿马克，但这并不是靠他的才能得来的。这项事业其实是由一些技术专家和商业经理经营着。

然而这个行业历来的一种特质，却始终没有消失。每产生一种新的发明，全世界都会激动地投以极大的兴趣，于是他们便收获了巨大的利益。各国的权威人士和专家立刻被邀请到埃森来。美国的大钢铁厂开出极高的价钱，买到了最新的炼钢技术的使用权，他们利用这种方法打造美国的舰队。

1896年，克虏伯厂在基尔得到了一个日耳曼尼亚（Germania）船坞，便开始热心地制造海军军备。德皇实行的海军扩张政策，使克虏伯的这个新的分厂有了许多新订单。在1896—1911年间，克虏伯新船坞为德国海军制造了主力舰9艘、小巡洋舰5艘、鱼雷艇33艘、潜水艇10艘，此外还有外国政府的订单。德国海军的兴起，同时促进了别国造船业的发展，因此引发的海军军备竞赛使得维克斯工厂、亚姆斯特朗厂以及美国造船公司（1904年并入伯利恒钢铁公司）都得到了源源不断的订单。

激烈的竞争

自20世纪初以来，军队的军费猛增。一些新的兵工厂如雨后春笋般涌现，它们之间的竞争也极为激烈。在许多大国中，除了一些以前的小兵工厂外，一些大的工厂也都安装了制造大炮的设备。有些增添了制造军火装备的工厂的规模，甚至足以和德、法、英等国传统的军火制造中心相比。俄国一向是国际市场上的一个好主顾，现在俄国大部分的订单却都交给圣彼得堡的普迪洛夫厂了。该厂创立于1801年，但直至1868年由普迪洛夫（俄国实业家、军火制造商）接办之后，才占据了军火市场的重要地位。

奥匈帝国的斯柯达兵工厂发展更快。它最初是一家机械厂，1859年由捷克人阿尔诺创立，1868年被一个名叫斯柯达的伯爵（华伦斯坦的后裔）买走，1869年更名为斯柯达工厂。当时，波希米亚战事如火如荼，这个工厂得以快速发展起来，但其在30年后才开始制造军需品。1890年后，其开始制造大炮。1899年，在斯柯达去世前不久，这家工厂改为有限公司，拥有资本2 500万克朗。这次改组的目的完全是使这家工厂的业务范围得到扩展。后来，工厂交由他的继承人卡尔·斯柯达继续经营。斯柯达工厂除了满足国内的需要外，也在国际市场上活动。1913年，它添设了一个兵工厂。第一次世界大战爆发前，它的资本增至4 200万克朗。

日俄战争时，日本所用军械大半从外国输入，但随后日本组建了一个大规模的制造厂，即日本钢厂，拥有资本1 500万日元①。这个厂和维克斯工厂是有特殊关系的，在日俄战争中，日本的军火大都由它供给。

军火行业的国际主义

在第一次世界大战前数十年中，我们可以看到一种持续滋长的趋势，就是各国政府都在组织发展各国的军火制造业。各国政府希望在它们的军事准备中或战争过程中，摆脱对外国的依赖。在这种情况下，这些国家很欢迎私人兵工厂在它们的境内设立分厂。但这绝不是说这些厂家会限制产量，只满足所在国的需求。军火事业虽然受到了国家层面上的扶助，然而它依旧像其他事业一样

① 1874年，日本的1日元等于90%成色的416格令白银，与同期欧洲银元的白银含量非常接近。1897年，按日本新规定，新造的1日元等于750毫克黄金，1美元等于2.005日元，到1917年时都很稳定。

维持着一种国际形态。凡是向这些工厂订货并能付钱的，它们总是乐意效劳。政治立场固然也有些影响，但只有在外债受到政府政策支配时才会产生。在和平时期禁止军火输出别国，会被人们认为是一种不友好的行为。如果这个理由政府还嫌不充分，军火制造商可以想出一些技术性质的理由，以对付政府的反对意见，或设法减轻公众带有敌意的怀疑。

有一天，老克虏伯因为把同样的大炮同时供给普鲁士和奥地利，受到了德皇的责备，克虏伯的应对非常直率，他说："我们不能单靠普鲁士生存啊！在以后十年中，我们至少需要价值5 000万马克的订单。如果外国向我订货，我绝不能卑鄙地拿劣等货给他们啊！"他还是继续为奥地利提供军火。在和平时期，军火事业不断发展，使军火的生产量增加起来，这样在将来遇到战时生产的情况时，就可以比较有准备了。克虏伯工厂这时被视为德国最大的兵工厂，虽然它曾不断得到陆军部部长的恩惠，但它毫不迟疑地发表了其输出大炮的数量。这也是克虏伯产品质量优良的证明，令世界各国都来埃森购买他们的大炮，这也是德国工业的荣耀。

1912年，当克虏伯工厂举行建厂100周年纪念活动的时候，印发了一种刊物，从中也许可以得知它对外输出大炮的真正数量。直至1887年阿尔弗雷德·克虏伯去世，在埃森制造的大炮共计24 476尊，其中13 910尊是卖给外国客户的。到1911年底，总数增至54 600尊，其中27 300尊被卖到国外，共计52个国家，国内外的销售比例正好相同。第一次世界大战前，该厂平均每年盈余3 400万马克，其中大部分是从推销军需品给即将与德国交战的国家中得来的。

军械制造业的国际化并不仅仅是一个自由出口市场的问题。军械商业和其他任何事业一样，各种商业的关系都是以同样的商业规则发展起来的。最初军械商人设法争夺竞争者的顾客，但如果竞争太激烈，使商业无利可图，在竞争者之间便会显现出一种和平的现象——他们会对市场进行分配。不过，在军火业中，这个过程有着进一步的发展。在一段很长的和平时期内经过一番激烈的竞争之后，一些兵工厂在1897年成立了一个实际涵盖整个世界的组织，使生产受到统制，市场得以划定界限。更为重要的是，欧美制造商同意规定它们出口商品的价格标准。

在军械行业中，特别是在来复枪行业中，也有一种达成国际协议的趋势。但是产品种类繁多，竞争厂家的意见不同，使得任何世界性或持久性协议的签订受到了阻碍。在这种持续增加的国际主义趋势中，银行占有极高地位。此外，一些控制本国兵工厂的家族往往持有一些外国兵工厂的股份，这在军火行业中并不是特殊现象。不过，有一点是非常值得注意的：一些军火商经营着杀人凶器的事业，就像经营着一些羊毛织物或镜子的事业一样。

兵工厂之间的金融同盟与政治同盟，是不一定吻合的。例如，在第一次世界大战爆发前，维克斯工厂和一家德国兵工厂洛惠公司有着非常密切的关系，控制洛惠公司的一个家族成员同时是维克斯工厂的一个董事。维克斯工厂除了在俄国和日本兵工厂中有股份外，在意大利也有一个工厂。

在第一次世界大战前的十年中，大多数人认为俄国的军火制造业需要扩张。这时，英法的资本便极大地活跃起来。斯柯达工厂和施耐德工厂在改组后的普迪洛夫公司中都有大量的股份，并且奥地利的银行，主要是维也纳的信托准备银行，都为俄国的军火业提供金钱帮助，同时汉堡军火商勃伏公司供给了普迪洛夫公司在施耐德的援助下所得到的俄国海军船坞的设备。军火业的分支是无限的，但我们绝不能认为它们是出于一些秘密的政治动机或希望刺探其他厂家的技术情报而发展起来的。这是商业，永远是商业，政治是被远远落在后面的。

宣传

“政治是被远远落在后面的”这句话应该加上一点限制，因为如果政治足以增加军火制造商的利益，他们是极愿意跟着政治方向走的。每一个做生意的人都认为他们的责任是增加消费，军火商也不例外。但除了技术上的创新之外，要想达到这个目的，就只有将国际形势涂上一层晦暗的颜色，让大家互相注意敌军所拥有的军备。

要想使这种宣传奏效，只能全靠舆论。因此，军火业便渐渐设法操纵报纸，以及一些足以直接或间接增加利益的政党和团体。自然，在宣传上所花费的金钱，他们是希望能够收回来的，如果收不回来，他们就可能发怒。他们知道怎样给人报酬，也知道怎样给人处罚。

1901年，德国突然发生经济危机，一些代表重工业利益的报纸便要求定制几艘新的战舰，海军部部长忒毕兹大将却没有立刻答应。于是德国海军联盟会（该机构享有军火业的津贴）会长沙姆亲王写了一封信给忒毕兹大将，说："通过定制新的战舰，工商业可以恢复，交易所的股价可以上涨，许多公债可以不致崩溃，市场就可重新稳定了。"

忒毕兹大将感到非常尴尬，他回答说他非常愿意依照他们所要求的去做，不过定制战舰的建议中，势必包括扩充船坞，所需的经费国会是不会批准的。于是军火制造商们发怒了：海军联盟会不能处置这样的事情，还有什么用呢？对其的补助津贴便立刻停止供给了。1901年，海军联盟会的收入有17万马克；1902年，据资料所载，收入只有410马克。

这种办法当然完全是为了维持和平，图谋经济的复苏及政治集团一般的福利！是为了引发战争吗？没有的事。我们还可以看到，1914年第一次世界大战爆发前的几天，一些与军火业有密切关系的报纸，它们的发言却最期待和平。这样一种爱好和平的表现，也许完全是为了希望产生一种良好的结果。

这是毫无疑问的，军火商并不希望发生战争，除非战争发生在极远的国家。他们所希望的只是一种全副武装的和平与永远紧张的局势。过于风平浪静的和平是一种不幸，但战争也许同样如此。永远都有战争威胁，是军火行业最希望的形势了。

要维持这种威胁所形成的恐怖气氛，有时也许需要对公众采取一种"恐吓的手段”。1909年海军的恐吓就是这种事情的杰作。这一次事件，是由一个与约翰·勃隆的船坞制造公司有关的厂家——英国考文垂军械厂的董事墨里纳引起的。

其实当时德国真实的军备并不足以构成威胁，但墨里纳告知了英国政府一个关于德国海军力量的惊人数字。照他所说，德国海军力量实际比忒毕兹公布的数字大2倍。随后，在1912年，一些英国政客宣称，德国已经拥有24艘无畏战舰，其实德国当时只有9艘。英国受这一次的恐吓后便又增添了4艘无畏战舰。德国绝不会对此没有反应，也开始扩充军备。从双方得到利益的都是军火商，在这一时期，制造一艘战舰可获得250万英镑的收益。

军火行业中的巨头

这种巧计当然帮助军火业汲取了利益，但通常这并不是必需的。一些大兵工厂已经不再像19世纪中叶那样需要招揽订单了。它们庞大事业中所蕴含的经济力量已经使它们变成了一种政治上的要素，它们的力量是被各方所尊重的。

其中，最著名的当推克虏伯工厂。第一次世界大战前几年，这家工厂所雇人数超过7万，资本已增至2.5亿马克，但它依旧保持着一种家庭的特质。贝尔莎·克虏伯，即阿尔弗雷德·克虏伯的孙女，是唯一的老板，或者可以说实质上是这样，因为只有四股每股1 000马克的股份在别人手里。在这一代人里，他们家族并没有男性继承人，但德国政府为了不使这个家族的产业落到敌对国家手里，就由德皇把“克虏伯”这个姓氏安插在贝尔莎的丈夫——一个德国外交家的姓名里，因此他的名字就变成了古斯塔夫·克虏伯·波仑·哈尔巴了。贝尔莎·克虏伯是德国最富有的女子，享有盛名。

地位略次于克虏伯工厂的两家英国厂家是维克斯工厂和阿姆斯特朗工厂。

两家工厂的资本各为700万英镑。不过在这两家工厂中，家庭的利益关系较弱。在施耐德工厂中，资本依旧很少，恰如第一次世界大战前的数目，只有3 600万法郎，然而它的股票在巴黎交易所的价值却近2亿法郎。施耐德家族依旧握有大宗股份。

在这四大工厂，以及斯柯达工厂、普迪洛夫工厂和伯利恒钢铁公司中，铁和煤矿事业都与军需品的制造有着密切关系。一些大的兵工厂设法掌控原料的来源，发展作为副业的分厂，使它们能够得到最充分的自给自足。这就是军火业和重工业这两个名词已经变得密不可分的原因。不过，这种普遍的见解未免有点夸张，毕竟军火制造商和重工业还是相差很大的。

即使在和平时期，这些大厂家的主人也处于最富有、最有权威的地位。正如我们所见的，他们是全国的柱石；正如我们所不能见的，他们握有支配全世界政治势力的金钱。

中欧的战争利益

1914年第一次世界大战爆发后，一些参战国兵工厂的主人发现形势发生了变化。其情形已不再像1870年时那样，当时输出贸易还是能够继续发展的。这一次，除了给盟国出口货物外，其他都被禁止了，做到一半的外国订单也被中止了，整个制造业受到了政治与军事上的严酷统制。

有些军火的原料，如镍与铜，有时的确被发现借道中立国送进了敌军阵营，因此各国都有充分、严密的监督，使违法交易降至极小的比例。

不过，出口禁令并没有给军火制造商带来实质的影响。禁令颁布以后，他们所蒙受的损失，从国内政府所给的大批订单中得到了补偿。军事上的统制虽然限制了董事会的权力，兵工厂却绝对没有丧失私有性质。

为了鼓励生产，凡是进行军需品出产的人，都可因此得到一笔丰厚的收益。至少在一些现已成立的工厂里，生产资本以及寻找市场的问题都可以完全不用有顾虑了，借款与定金都可以毫无问题地得到。最初，一些兵工厂所遇到的唯一难题，就是如何加速生产。随后军火制造商们又遇到了另一个问题：如何预防他们飞速上涨的收益被公众看到后认为数额太大？

在这一方面，中欧列强与协约国的军火制造商并未表现出多大差别。在德国，克虏伯凭借其种种新发明，特别是420毫米口径的大贝尔莎①榴弹炮，博得了军队与公众的推崇，因此不再注意交易中的金钱问题。即使公众注意到了金钱问题，他们也会认为在第一次世界大战第一年中所赚的6 800万马克（为平时所得到利益的2倍）是公正的报酬。

通过强迫降低大炮价格来限制贝尔莎·克虏伯的利益的设想不会奏效。因为这时已经开始通货膨胀，国内的纸币非常丰富。如果有需要，政府可以印刷更多的纸币。另一方面，国家急需大炮，因此只要兵工厂能够交货，它们想怎样就怎样吧——这是在第一次世界大战的第一年中，每一个人都认同的逻辑。

克虏伯工厂绝不是获得丰厚利益的唯一厂家，德国其他钢铁工厂的利益也同样增加了。它们的平均收益从1914年时的12.5%增至1915年时的23.2%。有些厂家，最初因其工人减员和输出停止，产生了极大的损失。但是在军事订货成交之后，它们的利益就飞快地增长起来。修勒西恩铁路应用品股份公司是德国东部的一个重要工厂。1914年时，它的盈余从270万马克减至170万马克，但第二年便一跃达到630万马克，红利从2%增至10%。洛惠来复枪厂的盈余从1913年时的170万马克增至1914年时的290万马克，随后在1915年时又增至430万马克。此外，许多经营军需品的机械厂的收益在第一次世界大战头两年也增加了5倍多。

---

① 大贝尔莎：克虏伯工厂所造的以贝尔莎·克虏伯的名字命名的超级攻城巨炮，长7米，炮身连同炮车重120吨，最大射击仰角为65°，第一次世界大战爆发后，德军进攻比利时时首次使用此炮。

直到1916年，政府对战争利益征税，兵工厂的盈余才开始回落（至少表面上如此），红利的增加受到阻碍。以后兵工厂所得的利益便用作了各种不同的用途，有的存作无形的公积金。因此克虏伯工厂只剩下表面上的兴旺了，这时该厂所雇的员工共有15.8万人，其中女工增加很多。这个人数在欧洲是前所未有的，可是它的盈余反而跌至5 000万马克。

在奥匈帝国，军火制造商的发展也很顺利。斯柯达工厂所雇员工人数增至5.3万人，同时平均盈余，以前为560万克朗，在第一次世界大战最初三年中增至1 130万克朗，所付红利由14%增至17.5%。1916年，公司资本由4 500万克朗增至7 200万克朗，股票价值从200克朗增至320克朗。可是这种兴旺状态持续的时间并不长，1918年时斯柯达竟没有红利可以分配。

斯泰尔工厂的收益比斯柯达工厂更高。第一次世界大战前，其盈余为270万克朗；1914—1917年，其盈余数额增至每年1 430万克朗。

霍吉斯

与中欧各国所得利益相比，法国所得利益的数额看起来比较适当。平均算下来，法国军工厂的利润增加不到2倍。不过在这种情形下，这种平均的数额并不能使我们得到一个准确的概念，因为其间的悬殊极大。这并不是由企业技术能力的差别，而多半是由企业地理位置的不同造成的。

当时法国东北部被德国军队占领，在这个区域里面的工厂，遭受了严重的损失。另外，克勒索军工厂（法国重要的军工厂，现在著名的克勒索-卢瓦尔公司的前身）处于战火蔓延不到的地方，能够不停地工作。东部出产的钢铁现在已经无法取得，因此在最开始，施耐德就卖了一些在诺曼底的钢铁工厂，还得到了一些煤矿。在战争之中，它每年的平均盈余从690万法郎增至1 040万法郎，所分红利增至30%，同时将巨额款项存作公积金。

霍吉斯工厂的发展更顺利。这家工厂经过了多次改组，绝大部分股份是属于英国的。在第一次世界大战前的几年中，霍吉斯工厂的地位极为危险，它曾经过长时间的试验，开发了一种速射机关枪，这种试验耗去了很多资本。1912年，霍吉斯工厂的资本从600万法郎减至400万法郎。但这种努力最终取得了成功，新式的机关枪恰逢其时地出现了。

第一次世界大战爆发以后，霍吉斯一直是协约国的一个主要的机关枪制造商。其位于圣丹尼斯的工厂已不敷用，1914年9月，其在里昂又添设了一家工厂。在之后几年中，其在里昂附近又添设两家工厂。此外，英国政府让这家工厂在考文垂开办了一家新厂。这家新厂所生产的机关枪总数达10万挺以上，此外，其还生产一些零件和副产品。

该厂盈余极大，比欧洲其他任何兵工厂的盈余都大。公司资本两次加倍，但没有一笔钱是招募来的；红利从8%飞涨至100%，股东的资本比他们原来所投的数目增加了几倍。但这还不算什么，第一次世界大战之后，该公司把它英国的工厂卖了，于是能以其股票的十足价值偿还给股东。这样一来，在法国便产生了许多靠机关枪发财的百万富翁。

意大利的景象

意大利人对于战争利益更加狂热。意大利在原料方面虽然非常缺乏，但像其他国家一样，它也希望制造自己的军火。其除了拥有66家正式的兵工厂外，还有1 000家辅助的工厂和1 200家临时改为制造军火的小工厂。全国军火业所雇用的人数，总计超过40万。

这当然代表了极大的成功，但意大利人还不满意。他们希望意大利像一些工业大国一样，组织一种庞大的军火联合机构，生产从原料到最终产品的一切物品。缺乏原料和实际的工业效率的情况，却被一些冠冕堂皇的数字隐藏了起来。

在重工业中，大厂家都已成立了，伊尔伐和安萨尔杜两厂都表现出了蓬勃发展且前途无量的气象，都有一种极强烈的投机力量在活动。

伊尔伐工厂在蓬提家族的管理之下，资本由1 600万里拉增至3亿里拉，不过就是这种极度的扩张也没有胜过安萨尔杜工厂。

安萨尔杜工厂是专门制造军火的，创办人和大股东是披隆尼兄弟。他们是一个有钱的实业家的后裔，将大部分财产投资在阿根廷，并已经从战争中得到收益。第一次是日俄战争，那时安萨尔杜工厂曾给日本海军提供了许多重要的军需品；其后是意大利远征的黎波里与巴尔干的战争。过去其在小规模战事中所取得的成功，现在又在大规模的战事中重演了。这时其除了生产军火业的旧式产品（如铁甲板）外，又增添了新式的军械，包括飞机与汽车。工厂雇员增至5万人。

同时安萨尔杜工厂抓住每一个机会去创办或收购其他的产业。以一家小轮船公司为基础，安萨尔杜工厂以1 000万里拉的资本组建了全国航运社，不久它的资本便增至1.5亿里拉。这时安萨尔杜工厂的原始资本从3 500万里拉增至5亿里拉，同时又用别的手段凑了5亿里拉。这个庞大的数字，在披隆尼兄弟看来却并不可怕，他们完全被投机的狂热所迷惑了。在意大利相对薄弱的工业基础上，这样一个镀金的宝塔总有一天是要崩溃的。

英国的大量生产

所有交战国虽然都竭尽全力，利用自己的资源生产军火，但是在战争过程中，英国相对欧洲大陆国家所拥有的工业优势地位，渐渐变得格外明显了，因为英国拥有充足的原料、工厂、熟练工人和资本。

第一次世界大战刚开始时，英国军事当局感到非常不安，但不久这种情绪就消失了。1914年10月中旬，财务大臣劳合·乔治召集亚姆斯特朗厂、维克斯工厂、皮特摩尔厂及考文垂军需厂的代表，告诉他们政府预备提供给他们资本，使他们所在的工厂能够增加产量，同时给他们补助金。此外，如有损失，都由政府赔偿。各厂对此的回应是，它们愿意用全部力量来增加产量。于是以前所定制的878尊大炮，差不多又增加了一倍。

但这还只是开端。1915年5月，军需部成立，在劳合·乔治的指导下，工作进展得非常顺利。在政府的协助下，维克斯工厂将80万英镑充作扩充的费用，皮特摩尔厂为70万英镑，亚姆斯特朗厂为52.5万英镑。在随后几年中，这种工厂继续大规模地扩充它们的生产总额。在第一次世界大战中，英国共制造大炮2.5万尊、机关枪2.4万挺、来复枪400万支、炮弹2.5亿枚、子弹100亿发。

创造这个总产量的厂家，数量总共八九千家，但大部分产品是由几个大厂生产的。仅亚姆斯特朗厂，雇员就有七八万人，制造大炮1.3万尊、主力舰12艘、巡洋舰11艘、潜水艇11艘、较小船舶8艘。生产量排名第一位的是维克斯工厂，这时扎哈洛夫在这家厂里做推销员，他的销售工作进展得非常顺利。

这时亚姆斯特朗厂的资本从700万英镑增至950万英镑，维克斯工厂的资本增至1 350万英镑。这期间维克斯工厂共生产大炮9 000尊、机关枪10万挺、大战舰7艘、潜水艇53艘、补给舰队3队、较小船舶62艘。此外，淮桥和克兰福特两处维克斯工厂所制造的5 500架飞机，也应该被计算在内。

所有这些活动究竟赚了多少钱，我们很难得出一个准确的数目。在英国，军火利益是受法律限制的，不能超过战前（第一次世界大战前）两年中平均数的20%。超过此数的部分，就要被收入国库。因此，这项事业虽在大规模扩张，一些大兵工厂的红利却没有增加多少。

不过，扎哈洛夫这类人物在第一次世界大战中所获得的钱财，可以使我们大概看到依靠佣金与其他间接手段所获得利益的数量。1918年夏，扎哈洛夫为协约国战时救济与科学事业捐款10万英镑，但是这种慷慨的捐赠并没有大大减少他的财产。他还同时支配着许多银行和工业事业。第一次世界大战结束后，他成为欧洲最大的富豪。

美国钢铁公司的利益

在欧洲，无论是个人还是公司所赚得的财富，和美国人所得的财富相比，就难免相形见绌了。摩根是协约国在美国采办军需品的经纪人，也是美国钢铁公司的董事兼大股东。美国钢铁公司是美国乃至全世界获利最大的厂家。它所获的利益和战前相比，增加了3倍；它已具有托拉斯（垄断组织的高级形式之一）的规模，这就是说，其大于一个公司的规模。

第一次世界大战初期，美国钢铁托拉斯的利益大大减少。这种事业在1913年的兴旺期过后，到1914年年初就不景气了，战争爆发又使其增添了一种衰落的景象。企业的勇气似乎一点儿也没有了，人们都在观望欧洲的形势，给交战国供货的行为受到了政府的反对。这样一来，美国钢铁公司的盈余就从1.27亿美元跌至7 100万美元。

但摩根最后战胜了政府中对军需品输出持反对意见的势力，随后一切情形都发生了改变。1915年，美国钢铁公司产生了丰厚的盈余，共计1.35亿美元，这个数额和战前盈余最多年份的数额相等。美国钢铁公司对军需品的需要已经有了充分的认识，以前它制造军械的任务是由一两家由它补贴的厂家完成的，现在它开始大规模地生产。结果，其1916年的盈余增至3.33亿美元。

在第一次世界大战最后两年中，美国钢铁公司的红利尚有16%，比战前最佳年份的数字高出3倍。美国宣布参战后，公司利益便突然减少，因为它不能对自己的政府或盟国，收取美国处于中立国地位时那样昂贵的价格了。其公布的1917年与1918年的盈余分别是2.45亿美元和1.98亿美元。

这些都是公布的数字，它们是一直被公众认可的。但在1934年，美国参议院着手对兵工厂战时的账目做了一次透彻的研究，结果令人非常吃惊。当时查出美国钢铁公司所获的利益如下：1914年只有4 600万美元，1915年和1916年与公布的数字大致相同，1917年为5.85亿美元，1918年为5.19亿美元。从中我们可以看出，1917年和1918年的数字几乎为公布数字的2倍。

我们应该记得，第一次世界大战前，美国钢铁公司已经是世界上最大的工业集团了。唯一可以和它媲美的，也许只有洛克菲勒的埃克森美孚公司。照此看来，上面的数字似乎不是夸大的。如果把它从战争中所得的利益与美国其他公司相比较，那些数字是很正常的。公司的资本，包括在战争中用于庞大扩充的资本，共计15亿美元，因此以1917年时最大的盈余计算，也不过为资本总数的三分之一。可是，许多公司在同年所得的盈余，竟达所投资本的3倍之多！

伯利恒钢铁公司

我们要想对美国军事工业的繁荣有更透彻的理解，必须再看一看伯利恒钢铁公司——美国第二大钢铁托拉斯。伯利恒钢铁公司自开办以来，一直是一个纯粹的兵工厂，因此，这家公司可以充分享受战争利益。后来它的经营范围扩展到了其他领域，但它在这些领域上的经营，始终没有取得大的成功。1904—1915年，它的1 500万美元普通股，始终没有分到一分红利。

第一次世界大战给这家公司带来了活力。1916年，它突然能够发出22.5%的红利；1917年发出了23.5%的红利，优先股另外分得200%。这就引起了充满敌意的议论，因为这时大家都知道，这家公司提供给美国陆军大炮的数量为其所需数量的三分之二，海军尚不在内。为了缓和舆论压力，在大战最后一年中，董事会便限制新添股资红利为10%。

该公司宣称，在第一次世界大战期间，它平均每年所获盈余为2 000万美元。但据参议院委员会的调查，单是1917年1月，它的盈余已达6 200万美元。公司总经理葛兰斯的薪水达到几百万美元。然而最令人奇怪的是董事会主席查尔斯·施瓦布的收益，他是这家公司真正的领袖和创办人，然而他从战争中所得到的非常少。他一向被认为是钢铁行业中的神童，当他还是一个少年时，就已经当上了美国钢铁公司的总经理，每年赚200万美元。然而奇怪的是，在1915—1920年间，年收入在百万美元以上的美国纳税人名单里，竟没有他的名字。

铜业在第一次世界大战时也极兴旺。虽然那时大炮已不再用铜铸造，但铜在军事上的用途依旧使一些铜矿主人获利数百万美元。大战时，美国铜矿产额增加了50%，同时铜价高涨了2倍，公司方面所获的盈余比战前增加了三四倍。这方面，参议院的研究揭露了一些有趣的数字。肯尼科特铜业公司，是隶属古根亨集团的一家工厂，1917年时所获盈余达所投资本的70%，第二年为60%。另一家古根亨集团的工厂乌泰铜公司在两年中所获盈余各为200%和150%。卡赫铜矿公司的盈余更多，1917年，它所获盈余为其所投资本的800%，1918年时为300%。

晚年时的查尔斯·施瓦布

查尔斯·施瓦布（1862—1939），伯利恒钢铁公司的创始人，曾在安德鲁·卡耐基的钢铁公司担任总经理，还曾担任美国钢铁公司总经理，期间由于跟董事摩根不和，辞职创办了伯利恒钢铁公司，在第一次世界大战时获取暴利。

化学工业中的利益与杜邦家族

在欧洲和北美洲，从第一次世界大战中获利最多且最持久的是化学工业。严格来说，化学工业在战争中确实还没有达到充分发展的地步，也不足以产生任何大的利益，但火药（炸药和抛射药）在军火中的消费达到了前所未有的比例。

在美国，从军火制造业中获得最大利益的是老牌的杜邦工厂。据统计，杜邦工厂在大战中为协约国提供了所用军火总数的40%。工厂中雇用的人员由5 000人增至10万人，火药的产量从1914年时的250万磅增至1918年时的4亿磅。军需品周转总额达12.5亿美元，全部盈余为2.66亿美元，而每年的盈余在第一次世界大战前平均为600万美元，增加了十多倍。在美国各行业中，利益增加如此之快的并不多。在实际盈余的数目上，杜邦工厂仅次于英国钢铁公司，在全世界军火工业中排第二位。

最初，红利的分配和庞大的利益互成比例，其中极大一部分归杜邦家族。1915年发放了30%，1916年发放了100%，1917年跌至50%，1918年更跌至26%。四年中所发全部红利达1.4亿美元，超过公司资本的2倍。此外，还有极大一笔数目被划作了公积金。接近1918年年底时，公司所有资产达2.22亿美元，尚有未收回的账款2 000万美元。

战争结束后，杜邦工厂立刻认识到必须要控制事业的规模。几星期内，厂中人员被裁去三分之一，但裁员后产生了另一个问题：如何应用积聚的资本？董事会的第一次投资，同时也是最重要的一次，是投向与该厂传统活动完全无关的事业。

最初，杜邦工厂的管理者们只把它当作一种投机事业，但随后的结果表明，那竟是他们从来没有遇到过的最顺利的事业。在大战未结束时，杜邦工厂已经得到了大批美国通用汽车公司的股票，这就给一直以来支配这项事业的人带来了不便。在敌对两派股东之间，经过一番竞争，他们最终同意，杜邦工厂的股份由一个有才干的金融家——约翰·雅各布·拉斯科布（当时在杜邦工厂担任总经理）在董事会里做代表。

1920年，由于威廉·杜兰特（美国通用汽车公司创办人兼大股东）盲目地扩大规模，以及个人决策的频繁失误，美国通用汽车公司陷入了非常困难的境地。在拉斯科布的帮助下，杜邦工厂乘机夺取了在美国通用汽车公司中的地位。杜兰特被踢出局，杜邦暂时控制了美国通用汽车公司。

这次的行动，杜邦所耗代价达5 000万美元。在这一时期，汽车行业的地位非常窘迫，就连福特也感到了苦痛，然而他的行动是很大胆的，结果显然是得胜了。后来汽车行业重新抬头，美国通用汽车公司便兴旺起来了。1929年，杜邦家族所持美国通用汽车公司股票分到的红利，大于他们传统事业的全部盈余。

杜邦工厂与美国通用汽车公司的密切关系，还体现在另一种利益关系上。

杜邦工厂生产的化学产品有了固定的主顾，特别是生产的喷漆是喷涂车身所需要的。从这时开始，杜邦工厂就变成了世界上最大的颜料与汽车喷漆制造商，还生产其他在和平时期应用的产品，于是成为化学工业中最大的常规制品制造商之一。

欧洲的化学工业

欧洲一些大的化学工厂，当时的地位也大半得益于第一次世界大战所带来的发展与盈余。在德国最大的化学工业托拉斯颜料业利益链中，我们可以看到典型的例子。这种事业具备现在企业的形式，是在1925年年底才出现的，其由六家大公司联合而成，其中几家公司都已开办几代人的时间了。最重要的一家有一个庞大的工厂，从事在空气中抽取氮气的工作。

第一次世界大战前不久，这家公司——巴典生色精及苏打制造厂，已经开始利用一种新的方法制造化合的硇精。试验还没有完成，大战就爆发了。这时德国已经不能再从智利进口硝酸钾——以前一直被认为是制造炮弹最重要的原料。在这种情形下，德国便改用哈勃·布什的方法，用从空气中抽出的氮气制造硇精。这家公司便立刻把它在莱茵河边的工厂积极扩充起来，同时在萨克森的罗那地区又另外建造了一个更大的工厂。

政府为其提供了必需的资本。第一次世界大战期间，这个德国化学产业究竟得到了多少津贴，准确数字并未公布，但据估计，直至1919年，德国政府为后来联合成颜料业利益社的几个化学工厂提供的资本总共超过了5亿马克。即使不是金马克，这个数目也比这几个化学工厂后来还债时所用马克的价值大得多。就像德国许多其他产业一样，在获得战争的利益之后，紧跟着由于通货膨胀，该产业立刻得到了另一种利益。

巴典生色精及苏打制造厂能有此发展，主要并不是因为它的成本低廉。事实上，它战时的生产规模与和平时期是一样的，现在它每年生产20万吨氮气，用于生产化学肥料。

德国的化学工业并不像庞大的军火工业那样采用家庭产业的组织模式，因此，我们很难知道庞大的利益究竟落入了谁的腰包。不过其中一人的收入是有点特别的。这个人是卡尔·杜斯堡，他是勒沃库森拜耳厂的常务董事，后来成为颜料业利益社的创办人和主席。

这个人的收入不但数目巨大，而且来源成谜，这在当时很引人注目。在1934年公布的正式名单中，第一次世界大战时在美国缴纳收入超过百万美元所得税的，只有1918年时的一个外国人。这个人就是德国勒沃库森的卡尔·杜斯堡。直到现在，这笔收入的性质还没有被揭露，究竟是从专利权中得来，还是从红利中得来，或是来自其他来源，不得而知。但不论来源是什么，作为一个德国的实业家，作为第一次世界大战时德国化学工业的主要创始人，他能从敌国取得巨额收入，是耐人寻味的。

其他国家的化学事业，在第一次世界大战结束之后，也采用了德国所采用的手段，继续维持大战所带来的繁盛。例如意大利的蒙脱卡蒂尼厂，第一次世界大战时，它主要制造军火，但和约签字后，它就改变方向去制造化学肥料了。

在英国，化工产业从战争时期向和平时期的过渡显得不是很顺利。大战结束后，英国的化学工业设法摆脱了依赖欧洲大陆国家（特别是德国）供给的局面。英国化工产业经过多次突变，最终由亚尔弗兰特·孟特爵士组建了帝国化学工业有限公司。这一个强有力的结合中包括四大集团，诺贝尔厂便是其中之一。帝国化学工业有限公司创办以后，便支配了英国的化学制造业，它的许多分厂由战争所带来的利益，依旧是非常明显的。

在法国，化学工业经历了一段惊涛骇浪、风雨飘摇的时期，最后也得到了一个令人愉快的结果。现在最重要的一个工厂是古尔曼厂，它处于军事地带，以前曾被彻底摧毁。当第一次世界大战还在进行时，它就开始筹集资本，开展重建工作。它在法国建造了许多炸药工厂和其他化工厂。在四年战争之中，股东没有分到一点红利（这种现象在军火业中不是孤例），但和约签订之后，他们便立刻获得了丰厚的收益。同时，他们在生产方面改制颜料与化学肥料，进展得也很顺利。

普迪洛夫与斯柯达的损失

因第一次世界大战，各地的化学工业大都获得了丰厚的收益，同时产生了乐观的预期，然而军火业中的情形就不是很一致了。

在这些工业中，厂家可以分为以下三类。

（1）因第一次世界大战战时受到政治因素的影响，蒙受重大损失的。

（2）因经济关系在战后崩溃的。

（3）保存战争利益，将其充作和平时期用途的。

第一类工厂主要是圣彼得堡的普迪洛夫工厂。1905年，这家工厂已经变成了革命活动的中心，因此，它和政府的关系就疏远了。大战之时，工人运动频繁，它便不能像其他国家的工厂一样发展起来，不过最终还是在政府财政的援助下着手从事扩建工作。

俄国十月革命后，这个工厂是第一个被收归国有的。它的最后一任董事和大股东——尼古拉·普迪洛夫带着他一部分未被没收的财产，准备到巴黎去，但大部分财产都在途中丧失了。若干年后，苏维埃政府开始注意到圣彼得堡的经济复苏，于是普迪洛夫工厂才重新变成一个重要的军火制造业中心。

其次受到打击的大实业家是斯柯达男爵。奥匈帝国分裂之后，斯柯达工厂便归入了独立出来的捷克[①]的主权范围。捷克斯洛伐克共和国不希望它的最重要的兵工厂，依旧由一个与哈布斯堡政体有密切关系的家族来掌控。因此，政府采用强硬的手段，很快就迫使卡尔·斯柯达脱离了董事会。他的股份由布拉格的齐诺斯登斯加银行分散，大半流入了施耐德厂及捷克的一个辛迪加（资本主义垄断组织的主要形式之一）的手里。欧仁·施耐德当了董事会的副主席。

捷克独立后，卡尔·斯柯达不但丧失了爵位，大部分战前财产也一并丧失了。据他自己说，他从他父亲那里承袭了大批股票，价值约400万英镑。当齐诺斯登斯加银行收购他的股票时，他只得到了700万克朗，约合6.7万英镑。

不过卡尔·斯柯达的财产并不尽数在此，他在第一次世界大战中积累的财产还有其他公司的股票和一些乡村的产业。他把这些股票卖给了卡斯的格里尼——一个在维也纳通货膨胀时期暴富的富翁。斯柯达用这些钱买了许多房产，随后又买了一些银行股票。这样，当他在1929年去世时，遗产还有3 500万克朗，约合33万英镑。

经过一段短短的过渡时期，斯柯达工厂重新兴旺起来了。有一段时间，它差不多完全恢复了制造机械的业务，不久军火制造业又重新发展起来。该厂还持有别的兵工厂的一些股票，例如，它持有40%的勃伦捷克兵工厂的股票。现在，斯柯达工厂不但是捷克最大的兵工厂，还是全世界最大的军火出口商之一。

① 捷克：第一次世界大战后，同盟国中的奥匈帝国解体，原联合政体内的捷克首先独立，并联合斯洛伐克，于1918年10月28日成立捷克斯洛伐克共和国。

克虏伯工厂的重建

第一次世界大战结束之后，克虏伯工厂的命运受到了全世界的瞩目，因为它不但是欧洲最大的军工厂，而且被视为德国军事力量的一种标识。这就是为什么在召开战后和平会议时，协约国坚持克虏伯工厂不能继续作为军火制造业中心的原因。当时这个工厂被拆得不像样子，根据德国的记载，这次克虏伯受到的压制包括毁掉机械9 300台，共重6万吨，工具80万件，重1万吨。古斯塔夫·克虏伯·波仑·哈尔巴曾计算过，至1925年秋季，工厂所毁物料价值达1.04亿马克。不过这种损失绝不完全算在克虏伯家的账上，德国政府是负有赔偿责任的。在议和后第一年中所得的赔偿究竟是多少，他们没有公布。即使有赔款，在这段时期中，流通中的货币价值变化剧烈，这个数字也极不可靠。不过在鲁尔被法国占领之后，德国政府并未事先通知国会，给了鲁尔的工厂一笔补助金，共有7亿金马克（在当时相当于510吨黄金），其中一大部分归克虏伯工厂。

有了这笔款项，克虏伯工厂就比别国的许多兵工厂减少了不少困难，并能着手从事和平时期的生产工作了，虽然这种工作是被强迫的。他们的计划所蕴含的野心极大，他们的目光所到之处是每一种用钢制作的东西。他们制造各种货物——轮船引擎、火车头、火车铁轨、农业机件、计算机、电影机、电话机、烹调器以及其他各种机器。生产的进展并非一切顺利，但其中几种经营得极好，因此能使全部的产业得以发展下去。

不过所有这些都只是克虏伯工厂一方面的活动，一个事实常被人们忘记——在第一次世界大战之前，克虏伯工厂已经是德国最大矿主之一，其雇用人员1.5万人，每年产额包括250万吨煤、70万吨炭。这方面的事业却没有受到和约的影响。和约规定，克虏伯应放弃其在西班牙所有地区的一部分铁矿权利，但另一方面，后来克虏伯又在德国和其他国家得到了其他一些原料的来源。

克虏伯家族始终没有受到普迪洛夫家族那种厄运的威胁，也比斯柯达幸运。事实上，克虏伯工厂的地位非常稳固，还曾拒绝牺牲它的独立地位，不同意加入在鲁尔新成立的钢业托拉斯联合钢厂。克虏伯工厂虽然经历了种种困难，但依旧保持着欧洲最大家族企业的地位。

1935年，克虏伯工厂的员工达9万人，这是在和平时期所达到的最高数目了，该年盈余超过1 000万马克。

战后的不景气

和克虏伯工厂的发展相反，在一些战胜国，战后军火业是不景气的。第一个遭殃并且事态最严重的是意大利。前面说过，意大利军火业进行轻率的扩张，失败是意料之中的事，但其惨败程度是始料不及的。

有一段时期，意大利军火行业发展得似乎非常顺利。1902年，伊尔伐工厂宣布盈余800万里拉。但事实终究遮盖不住，6周后，该厂承认，全部股资3亿里拉及公积金等都已亏损殆尽，并宣告破产，股东一分钱都未能留下。不过在债务理清之后，它便重整旗鼓，东山再起。

伊尔伐的事件尚未完全结束之时，另一个厂家又倒了。这就是意大利最大的兵工厂安萨尔杜工厂。在这次事件中，政府出面干涉，才使其不致实际破产。不过这家工厂全部改组，披隆尼兄弟失去了支配地位。工厂各个部门由四家独立公司接收，其中一个由政府经营的公司接收了军火制造厂。

英国表现出来的不景气虽然比较和缓，结果却很严重。就像在其他国家一样，工厂设法通过制造其他货物来替代制造军火，还筹划了一个大扩张的计划，将战时所积累的大量公积金作为生产费用。亚姆斯特朗工厂草拟了一份富有野心的计划，准备着手扩充国外的事业。这份计划的内容包括在全球各地建设防水堤、水闸和其他公共建筑。可是，要想实现这个计划，首先，需有外国客户的项目由他们建设；其次，这个客户必须有借款能力。在一段通货膨胀时期内，后一个条件难以实现。

同时亚姆斯特朗工厂买进了一家生产钢与煤的重要厂家——披诺公司。为了购买这家公司，亚姆斯特朗工厂又增加了150万英镑的资本。1921年，该厂开始着手开展它的海外计划，组建纽芬兰水力造纸厂，利用水力发电，并开发当地的森林用以造纸。这次经营费用达300万英镑。随后在意大利、加拿大、日本等国，其都有同样的投资，资金便毫无节制、源源不断地流出了。

和亚姆斯特朗工厂相比，维克斯工厂的活动似乎在合适的范围内。维克斯工厂借助几年大战带来的兴旺，刚达到损益相当的地步。其资本增至2 650万英镑，这是欧洲兵工厂前所未有的数字。大战结束后，它便立刻着手从事一些新的事业，特别是制造火车铁轨和电气用具。为达到这个目的，维克斯工厂买下了英国威斯丁浩斯公司和首都货车金融公司。从这次买卖的资本金额来看，这次交易可以说是英国前所未有的大交易。

像亚姆斯特朗工厂一样，维克斯工厂的活动并不限于不列颠诸岛。在波兰，它和施耐德工厂合作经营，组建了波兰军事用品集团。在罗马尼亚，它买进了一些从事重工业的厂家。在意大利，它参与电气业。在西班牙，它购买矿产企业。在法国，它开设了一个分厂。总之，事态的进展，就像战事未结束不用担心寻找市场一样。在一个短短的时期内，它在这些新的投资中已经花去了1.7亿英镑。

失望不久就到来了。亚姆斯特朗工厂设在纽芬兰的公司，出现了极其不利的情况。即使是以前的一些分厂，也遭遇了严重的不景气。除了军火业的不景气外，当时还发生了普遍的经济危机，特别是造船业开始衰落。正当英国海军重新着手制订一项扩张政策时，华盛顿会议（又称太平洋会议）通过了一个限制海军计划的议案。有4艘定制的主力舰当时已经交货。在会议中，美国代表要求取消这些订单，建造中的船只也应中止建造，并且以10年为期，不许进行新的扩建。英国虽然并不希望做得如此过分，但为了显示出裁军的愿望，最终同意了。

这对于维克斯工厂、亚姆斯特朗工厂以及一些较小的厂家来说是严重的打击。维克斯工厂所受到的损失比其他厂家更为严重，它决定停止对它的普通股分发红利，虽然上一年的盈余超过50万英镑，另外在1919年还有50万英镑被转入上一年的账中。军工业第一次尝到了没有需求的滋味。

美国代表给英国军工业带来的灾难还不止这些。有一天，美国代表建议，将来战舰不能在民营船坞中建造。维克斯工厂董事会曾再三恳切地向海军部探询，英国政府究竟是否准备屈服于美国的要求。经过慎重的考虑，海军部回答说，他们认为维持维克斯工厂的船坞和兵工厂是“必须且应当”保留的。然而当维克斯工厂要求津贴以维持运营时，却遭到了拒绝。

维亚有限公司

1925年前的几年中，几家英国大型兵工厂依旧能够用自己的资本维持生存，但接着事情就变得非常糟糕了。第一个遭遇不幸的是维克斯工厂。当年该工厂聘请了一个专家委员会研究当时的情形，找出补救方法。这个委员会中有最有声望的财政专家，但专家们的报告并不能使该厂股东们的痛苦得到慰藉。专家们认为要想使该事业有一个生利的基础，股东们必须对资本进行重新清理。唯一的办法只有牺牲股东们的利益，减轻负债。如果形势不再恶化下去，股东们就应该预备损失他们三分之一的资本。之后，股东委员会主席道格拉斯·维克斯便宣布辞职了。

维克斯工厂的危机引发了全世界的震动：现在的世界是否真的变得如此和平，竟使一个偌大的军工厂难以为继，还是仅仅因为它太不顾利害，才会出现这样实在维持不下去的结果呢？几个月后，亚姆斯特朗工厂的困难，证明了维克斯工厂的情形并不是孤例。从财政的角度看，亚姆斯特朗工厂的情形更糟。

其损失的数额达到1 400万英镑，超过了公司资本的总额。

可是亚姆斯特朗工厂的问题并没有顺利得到解决。它所遭受的痛苦，的确比维克斯工厂严重。它的债务直至牺牲了自己的独立地位才得到解决。结果，经过一次大规模的改组，1927年成立了一个新厂——维亚有限公司，两大厂的军火部门合并成了一家。在合并的新公司中，亚姆斯特朗工厂居次要地位，维克斯工厂作为其基础，握有大部分的股份。一个历史悠久的工厂被打倒了——这对亚姆斯特朗工厂来说是一个可耻的结果。

1925年，当英国军火业正遭受惨痛的损失时，维克斯工厂大的投资人扎哈洛夫爵士却通过持有的大部分蒙脱卡罗游乐场的股票得到了一笔巨额收入。这个游乐场是扎哈洛夫在第一次世界大战后买进的，当维克斯与亚姆斯特朗两厂命途险恶之时，它却获得了1.1亿法郎的盈余。几年后，在里维埃拉几家游乐场的资金开始出现紧张之前，扎哈洛夫又适时地把它们先行卖出，得到一笔丰厚的收益。因此，他把他获得的战争利益用在游乐场上面，比投资在枪炮上收获更多，因为在这时候，枪炮已经没有一点用处了。

从扎哈洛夫的例子中我们可知，不论情形如何恶劣，一个真正的投资天才，总能找到很好的解决方法。然而大多数人把金钱投在军火业里，认为这是最持久的事业，结果却大大出乎意料。英国实行限制战争利益的政策，他们便受到了极大的损失。说来非常奇怪，对于英国而言，第一次世界大战不但没有使大批军工厂的股东们发财，还让他们损失了大量的金钱。

施耐德工厂的扩充

在欧洲一些大型军工厂中，唯一能够保持战时繁荣的，只有克勒索的施耐德工厂。和其他厂家相比，施耐德工厂的确有一种特权地位。克虏伯工厂被拆毁了一部分之后，施耐德工厂便成了无可争议的欧洲大陆最大的军工厂。中欧一些急需枪炮的新成立的国家，都向施耐德工厂订货。如果法国希望维持其军力，也必须补充军备。

此外，还有一个更重要的因素，就是法国在第一次世界大战后所获得的政治地位。法国不但需要维护在阿尔萨斯—洛林地区得到的一个极有价值的工业区域，而且它保护之下的多瑙河流域国家正在设法将自己武装起来。这种危急的情况造就了许多军火供给的机会。从政治、财政和工业的角度来看，施耐德工厂比其他任何厂家都有利用这种机会的优势，并且在能干的亚歇尔·孚尼欧的经营之下，它正朝着这个方向发展。

施耐德工厂的第一项工作是取得大部分德国在阿尔萨斯—洛林地区被扣押厂家的股份。最终施耐德工厂买到了属于洛林制炼公司的几个重要工厂和阿尔萨斯矿业公司。这些工厂和矿业公司的买价很高，政府以拍卖的形式卖出，特许施耐德工厂延期付款，用于支付的货币为法郎，随后法郎价值逐渐下跌，施耐德工厂付款时占了极大的便宜。就像存在同样情形的其他许多厂家一样，施耐德工厂受战后通货膨胀的恩惠实在不小。

施耐德工厂对这种状态产生的利益与收获并不感到满足。1919年后，它着手制订一项扩充政策。前面说过，在《凡尔赛和约》签订前，该厂曾购买大批斯柯达工厂的股票。不久，它又买进了大批矿业制炼公司的股票，这是捷克最大煤铁产业之一，是由腓特烈大公创办的。它收购的第三个大企业是波兰的荷泰朋可瓦工厂，位于加利西亚西部工业区。此外，它还收购了大批奥匈帝国诸继承国的较小企业，握有匈牙利普通银行和奥地利银行两大银行的股票。因此，它实际上支配着多瑙河中游盆地的许多工业企业。施耐德工厂所有这些扩张活动的实现，得益于和它有密切关系的巴黎联合银行的帮助。至此，施耐德工厂的事业已经很庞大了，最后它们在1920年4月联合成一个公司，名为欧洲工业金融同盟。

1921年，当亚歇尔·孚尼欧惨遭暗杀时，施耐德工厂在中欧的扩张实际上已经完成。虽然扩张依旧继续，不过速度缓慢多了。此外，又有一两个厂家加入，其中重要的是卢森堡的一家钢铁厂——亚尔培特。

施耐德工厂的盈余非常丰厚，发展得非常顺利。虽然在1925年到1926年这一年中没有分发红利，但这是七八十年来破天荒的第一遭，并且这只是例外，因为这年正值洛迦诺会议召开，对于军火业来说无异于是个凶年，再加上法国发生货币恐慌，形势极为恶劣。

我们要想找到一个军工厂的战后发展情况足以与施耐德工厂相比拟的例子，就不得不回头去看美国。美国钢铁公司的军火事业实际上只是副业，这一部分事业虽然进展得极为顺利，但在第一次世界大战之后，它就停止经营了。伯利恒钢铁公司是一个真正的军工厂，不过也像其他厂家一样在改变方针，从事非军事用品的生产。1920—1921年军火业的不景气，使它得到了一个并购其他无力维持生产的军工厂的极好机会。这时伯利恒钢铁公司就收购了一些别的厂家，如中谷钢铁军需公司等。不过，在美国的繁荣年代，地位靠前的是一些非军事行业。

第一次世界大战之后，美国人民对军工厂开始感到厌恶，因此就像杜邦工厂一样，伯利恒钢铁公司便设法改头换面，使他人相信它已不再是一个军工厂了。伯利恒钢铁公司所公布的数字，表明它现在用于制造军需品的资本比例已不到1.5%，而在它刚刚创办的时候，制造军需品的资本比例曾经达到92%。

扎哈洛夫及其门徒

总之，第一次世界大战后的最初10年是军火业的低潮时期，海陆军经费都有极大的缩减，于是一些军火商便不得不重新努力，以求找到主顾。这种招揽生意上的竞争，达到了极度疯狂的地步。

一些军工厂对其商品公开地大做广告，却丝毫不感到内疚。其散发海报，公开展览。在一年一度的大不列颠帝国展览会上陈列的最新式的大炮模型，恰像它们在19世纪一些大型展览会上一样，引起了公众的惊奇和赞赏，但以前一些欧洲国家的君主驾临参观、品评、订货的时代已经过去了。此时对这种军火的直接展览最感兴趣的是那些非难它们的人。要想做真正的交易，就应该采取一些巧妙的手段。

在这个活动范围内，老扎哈洛夫始终堪称大师。他虽然把金钱小心谨慎地投资到了其他一些比较符合时代精神的事业上，但对于推销军火，他依旧热心。他当时依旧替维克斯工厂服务，这个厂家曾与美国电船公司签订了一个秘密契约，他自然也替后者工作。他从这家公司拿5%的佣金，这是个很高的比例。

美国电船公司是专造潜水艇的，在这几年中，其订货交易额之大是绝无仅有的。在这骚动的世界里，有一两个方面为潜水艇行业的发展带来了希望。例如，西班牙正在摩洛哥开展殖民掠夺战争。如果我们认为在这样一种战争中所需要的只是陆战的兵器，那就错了。西班牙需要潜水艇。扎哈洛夫与西班牙一向有密切的接触，他在75岁那年与维拉弗朗卡公爵夫人结婚后，和西班牙间的关系更密切了。他向马德里当局解释说，现代的殖民地国家，没有潜水艇是不能成功的。他的言论被奉为准则。在某一笔订单中，他得到佣金76.6万美元。

自从这次交易之后，德国人也加入了竞争。扎哈洛夫向美国报告说，竞争者“异常活跃”，并且他们似乎将在西班牙获得稳固的根基。这样美国似乎不使用一些巧计就不能制胜，美国的竞争者要求驻马德里的美国大使采取干涉手段。同样，在阿根廷，美国军火商也要求用外交手段消灭法国的竞争势力。不过，这次却失败了，美国电船公司并没有达到推销潜水艇的目的。

除了外交上的诡计之外，扎哈洛夫在南美洲等地还采取了一些其他手段。在这些地区，军火业往往能够自由使用贿赂手段。乌勃莱中尉是扎哈洛夫的一个门徒，同时是美国电船公司的掮客（替人介绍买卖，从中赚取佣金的人），他向厂方要求寄15 000美元给他，作为秘鲁“特种佣金”，还要求把5万美元送给一位不知名的阿根廷人。当时秘鲁总统莱基亚的儿子从秘鲁政府购买潜水艇的事务中，每艘可得2万美元。这个年轻人还和委内瑞拉总统戈麦斯将军有亲戚关系，因此他又为委内瑞拉介绍了一些潜水艇生意。

然而我们绝不能以为这种手段在欧洲是不存在的。在历次斯柯达工厂送货到罗马尼亚军队里去的时候，就有种种见不得人的事发生，那些签发订单的人绝不是清廉之人。

从扎哈洛夫给一个年轻同事的一封信里，我们可以看出一点，就是在推销军火的事业中，需要怎样一种坚韧不拔的精神和巧妙诡谲的手段。他在信里说："政府代表往往是很难相处的，不过依照我和他们相交50年来所得的经验，双方互相谅解是最要紧的。如果我的工厂和政府当局发生了什么误会，我会另派一个谈判的人，继续从事这项工作，直至我找到一个与当局同心的人。"

裁军危机

现在我们脱离个别人或企业的活动，来看集体的活动。一些兵工厂虽然相互之间竞争得非常激烈，但是一旦共同的利益受到威胁，也是能够携手的。它们面临的最大危机当然是一些普遍的裁军计划。在一个有志于和平的政治家看来，和平只有两种可能的选项：武装的和平和非武装的和平。在兵工厂所有者看来，这种选择是不能存在的，因为第二种选项就是在毁灭他们的经济。因此他们便集合所有力量，在政治上奋斗，利用所有战前所用的手段——也许只有一点不同，就是他们比以前更厚颜无耻。他们派遣密使到日内瓦去，努力对裁军计划施以猛烈的反击。

其中最引人注目的是"希拉事件"。希拉曾创办了一份报纸，因致力于要求扩大海军的竞争实力而崭露头角。1927年，希拉受伯利恒造船公司（附属于伯利恒钢铁公司）、纽波特纽斯造船公司、美国勃隆波佛兰公司三个美国厂家的委托到了日内瓦。当裁军会议正在进行之时，他到处开展阻止活动，导致英国代表向华盛顿政府提出了申诉。这时美国国务卿弗兰克·比修斯·凯洛格正在起草著名的《凯洛格公约》（即《非战公约》），他把申诉书交给了海军当局。海军当局便通知有关联的三家公司撤回希拉。这三家公司没有办法，只得立刻照办了。

弗兰克·比修斯·凯洛格

弗兰克·比修斯·凯洛格（1856—1937），美国著名的外交家、律师，曾任美国第45任国务卿，1927年和法国外交部部长白里安发起并签署了《非战公约》，力促九个主要大国签订该公约，因此获得“诺贝尔和平奖”。

就像在这种情形下时常遇到的情况一样，希拉同那三个厂家在报酬问题上起了争执。希拉坚持说那三个厂家曾许诺给他25万美元报酬，现在他只拿到了5万美元。这次争执后希拉坚持提起诉讼，直至胡佛出面干涉，组建了一个委员会追查此事。那三个厂家虽然极力辩驳，可是没有成功，并且这次的追查揭露了许多有关它们和美国海军若干高级军官间的黑幕。

比这种政治活动更有成效的是一些政党、协会以及新闻报刊所用的不间断的宣传手段，它们大刀阔斧地做着军工业的后援。这些工业界的巨头，如胡根堡、铁森和吉札夫等，花大笔金钱来加强国家主义与黩武主义的趋势。在其他国家也有同样的情形发生，阿里斯蒂德·白里安（法国政治家）懂得这究竟是什么势力在作祟，他有一句话经常被引用："反对和平的文章，是用和制造大炮、子弹同样的钢铁制作的钢笔写成的！"

胡佛总统和电影明星玛丽·皮克福德

赫伯特·克拉克·胡佛（1874—1964），美国第31任总统（1929—1933年），也是一名工程师。1929年他上任后不久，美国就爆发了经济危机，期间胡佛政府采取的一些政策没有取得预期效果，后来在大选中被罗斯福击败。

此外，还有一种比较间接的暗中操纵的方法。这里有一个在"裁军危机"时期发生的例子。著名电影导演派勃斯脱曾想拍摄一部伟大的非战影片，可是他找不到一个金融家愿意资助他。一天，一个匿名人士说愿意为他提供200万马克，条件是这部影片中必须描述毒瓦斯战争的残酷。经过仔细的研究，他最后知道这是由几个制造防毒面罩的商人提出来的。不消说，派勃斯脱自然没有接受。

第二次世界大战的战前时期

一个需要使用诸如此类手段的时代已经过去了。1933年后，裁军危机已经明显和缓，德国重整军备的做法对全世界军火行业产生了新的刺激。当日本与德国相继退出国际联盟之后，裁军会议便寿终正寝了。

眼下重整军备已不再是一个添配军火的问题了。第一个受惠的是飞机产业。自从德国着手建立新空军后，一些制造飞机或飞机配件的公司，股票价值便猛涨起来。例如，1934年在德国交易所，拜耳自动机厂的股票价值比前几年增加了五六倍。在英国，空军虽然一向不受重视，但也在大批制造飞机，使亚姆斯特朗锡特兰工厂、费尔雷飞机厂、哈维兰工厂、罗尔斯罗伊斯工厂以及其他许多厂家大受其惠。

法国航空业并非没有发展到同样繁荣的地步。法国的许多小厂都亏了本，于是设法把制造业集中到五六家大公司里。在法国虽有这种趋势，但在其他各国的航空工业中，都是一些中等规模的厂家占据优势，它们还没有形成像一些大钢铁厂与化工厂一样的规模。

一些老牌兵工厂因为这些新的军备竞赛，获得了极大的利益。有些厂家，像伯利恒钢铁公司，虽然并没有真正收获利益，但完全是因为它的许多非军事部门依旧受着经济不景气的影响。它虽然收到了大批的军火订单，但是战争时期的利益不能弥补和平时期的损失。

然而我们的确可以说，军火业已经能够非常顺利地克服最近的经济危机了。从交易所军火股票的买卖所表现出的实际情形看，实际情况比它们所公布的损益表里的记载要好得多，各国的军火买卖都显现出了一种上升的态势，即使没有上升，也总比其他行业发展得好。

日本大型兵工厂的营业获利最大，三井、三菱两大厂家各投入约2.5亿日元[①]

---

① 1923年日本关东大地震时，1美元约合2.63日元；1928年，1美元约合2.3日元；1932年6月，1美元约合3.33日元。

来制造军需品。1933—1934年，其他各种行业的股票价值只增加了50%，但大型兵工厂的股票价值增至300%。

虽然有些国家的政府对于军火的出口施加阻碍，但军火的输出额还是持续增高。至于大炮，许多大国都在忙于满足自己的需要，把一个极好的出口市场让给了一些较小的工业国家，其中最重要的是捷克斯洛伐克。即使是在1925—1930年这个极平静的时期中，捷克斯洛伐克军火的出口额竟也增加了1倍。据正式统计，捷克斯洛伐克的军火出口额达全世界军火贸易总额的10%，其中大半是斯柯达兵工厂生产的。瑞典的主要军需厂为蒲发厂，它的产出几乎全都用来输出国外。这家工厂是在诺贝尔的保护之下创办的，直到最近，它的大部分股票一直都为克虏伯工厂所有。1933年，蒲发厂的出口额达到2 000万瑞典克朗。瑞典在全世界军火贸易总额中占8%，大半是这家工厂的功劳。

然而最大的军火输出国始终是英国。据国际联盟的统计，在1930年商业活动停滞的时候，英国军火的出口额竟达350万英镑。这个正式的统计数字还不准确，因为其中包括的只是一些严格意义上的军火，军舰与飞机都没算在内。

英国海军输出品的数量，可以从维亚工厂1934年所发表的报告中了解到。土耳其政府刚与该厂签订一份合同，订制万吨巡洋舰1艘、驱逐舰2艘、潜水艇2艘。不久前，巴西政府曾订制万吨巡洋舰2艘、驱逐舰1艘、水雷敷设艇1艘、潜水艇1艘。此外，葡萄牙、希腊、智利等国都希望为它们的海军订制新货，正在与维亚工厂进行谈判。此时厂中有14艘军舰正在兴建或修理，其中11艘都是外国订制的，只有3艘为本国海军所有。

1931年，美国输出的军需品数额约2亿美元。从上面的例子中我们可以看出，这个数额绝非夸张，特别是这个数额只占各国所耗在军需品上的全部费用的八分之一。不论现在的数额怎样（这是非待几年之后不能知道的），军火业已在复兴，这是毫无疑问的。战后的经济危机已经过去了，军火业的繁荣又回来了，但军火业的繁荣也是战前时期的一个特征！

依据军火业的历史来研究其对现在的意义与对未来的影响，我们可以发现一个非常显著的问题：军火业希望发生战争吗？军火业的发展完全得益于战争，而绝不是和平。经过上次大战（第一次世界大战），它固然得到了一次空前的发展，但是，从战争的结果角度看，战争是否令人高兴，是值得玩味的。

在军火商看来，新的大战将会引发最严重的危机。总之，在战争之中，私人经营的军火业确实面临着不可避免的危险。国营军火业的发展至今还很有生机。如果战争爆发，其势必更加强盛。所谓国营，其意义比第一次世界大战时所实行的较有弹性的政府统制、政府监督要强烈得多。这样看来，军火商似乎不能再列为那些从战争中获取利益的人群了。他们可以从军事准备中获得利益，从操练与演习中获得利益，从杀人利器的新发明中获得利益，但是一旦大屠杀重新开始，他们的命运会是怎样的，就很难说了。

他们所希望的不是战争，而是一种处于骚动状态的和平。

Chapter 4

第四章

承办商

自给自足的军队

战争时的军队应做到自给自足。几千年来，这是军人的一句格言。要想达到这个目的，人们可采取以下三种手段。第一种手段是形式最简单的公然抢劫，这在现在看来是不道德的。这种手段至今有时还被采用，但是要受到当局处罚的，虽然所施处罚有时太迟。第二种是特许的公然抢劫。这一种抢劫是给收条的。换句话说，就是强制征用，用于保障军队的供给。第三种是征税或罚款形式的公然抢劫。

这三种手段是由法律明确划分的，有时也许还有着极微妙的区别。不过从经济立场上看，结果都一样，目的都在于使军队能够依靠它所占领的国家维持战斗力。在古时候的战争中，一支军队的用度完全由地方供应。如果地方财源枯竭，军队就向前开拔，像一群牲畜被驱至新的牧场上一样。当战争开始后，一个兵士便自己寻找他所需要的东西。只有他不能拿到的东西，才会出钱去买。他需要带在身边的东西只有军械，其余东西是可以沿路获得的。

除了军火之外，我们现在所说的“军需”这个词语是比较新的。古时候的军队的确也携带各种设备，如从罗马把辎重一直送到边界以外的军队里。不过这种供给为数极少，可以忽略不计。它们并不像军械的供给一样有特设的活动部门。一直以来，军队粮食的供给都是与作战行动附带进行的。

现时承办军需事业往往与金融和工业活动联合在一起，这里面的利益非常大。第一次世界大战时摩根所获的财富便是一个例子，它仅靠承办业务所得的利益就发了大财。

海洋远征军与常备军的供给

我们已经了解到，陆军是可以自给自足的，因此最早的时候大量粮食的供给是为海洋远征军服务的。十字军东征时，的确曾经征集了大批粮草，足够供十字军维持几个月的时间。但这大半属于强制捐助，是从人民手中强征一种捐税得来的。在16世纪和17世纪的几次海军大战中，军队人数常达两三万人，因此，他们必须储备大量粮食。1588年，西班牙阿玛达舰队出发时，带有1 333万磅饼干、67.2万磅猪肉、3 500加仑油等物资。17世纪，有一支英国舰队，单是一次出征就携带了840万磅肉类。

后来，常备陆军成立之后，粮食与其他储备品便需要大量供给。有些国家，平时维持这种军队供给的业务很快地发展起来。从人口比例角度看，军队人数所占比例最大的是普鲁士。在17世纪下半叶与18世纪，一个国家的常备军人数，约占其总人口的3%~4%。普鲁士有500万居民，常备军队人数不下20万，每人每日分得2磅面包。这种大量的购买与储备是以前所没有的。这种需要大半由国有土地上的农民供给，但有时也由私有土地地主供给。由于要供给军需，在易北河以东便发展起许多大的产业，随后逐渐发展出资本主义产谷区的性质，同时它们的主人成了富豪。

17世纪后，各国军队开始配备制服。这样就产生了另一种军需。从事军服的供给比从事粮食的供给更有利可图，因为这种事业比较集中。粮食是必须设法从各地农村收集的，军服却可以从一些大的工业或商业中心定制，并且这种大批量的交易很少有琐碎的麻烦。1602年，英国政府向巴频登勃郎莱工厂定制了5 000套兵士服装。1647年，勃兰登堡选帝侯向一个汉堡商人爱勃哈特·希勒夫订购了蓝布2万厄尔（旧时布的长度单位）。其也向外国订货。不久，军需业就像武器制造业一样国际化了。1724年，彼得大帝向一个12人的汉堡商人团订购了总价值达20万塔勒的军需。供给别国所获的利益显然是特别丰厚的。

军需费用逐渐增加，关于取得军需品的手段便产生了争论。一派主张由军事当局直接购买；另一派主张交给中间人订购，和他们签订合同，给他们某一类货物的独占权，或给他们全部军需的独占权。16世纪晚期，承办商出现了。自此，两种制度便交替使用。这两种制度究竟哪一种对于国家而言所耗费用更大很难说。事实上，两种制度的效率都不算高。

不过，我们绝不能以为吃亏的永远是政府，政府在交易中也并不全是严谨诚实的。有时官吏贪污账款，或强迫商人给他们若干利益，中饱私囊；有时政府还会赖账不付。如果公款不足，政府也许就会压迫债权人，逃避到期的债款。如果债权人表示不服，就只能去尝尝铁窗的滋味了。历史上没有几个大承办商不曾在一生事业中有过牢狱之灾，但也很少因此结束了一生的事业，通常他们出狱后不久便又和政府恢复了业务联系。

卡杰伐尔与曼地那

在伦敦经商的葡萄牙人安东尼亚·弗南地兹·卡杰伐尔便是获得事业成功而不曾遭受牢狱之灾厄运的少数承办商中的一个。他在加那利群岛发了一笔财后，便在英国开始了他的事业。

1649年，在奥利弗·克伦威尔远征爱尔兰前，卡杰伐尔曾与其他四个商人共同为军队供给小麦。在随后10年的英国对荷兰、葡萄牙、西班牙等历次战争中，他继续从事着军队承办商的事业。他死于1659年，遗业极多，英国人民尊其为“伟大的犹太人”。

克伦威尔和死去的查理一世

奥利弗·克伦威尔（1599—1658），英国资产阶级革命时期的代表人物。1649年1月，他迫于人民的压力，以议会和军队的名义处死国王查理一世，并于1649年5月宣布成立共和国。1652年，他征服爱尔兰；1653年，他驱散议会，建立“护国公”制度。

另一个“古典的”承办商是一个西班牙犹太人——萨洛蒙·曼地那，但他的晚年不如卡杰伐尔顺利。曼地那和奥兰治的威廉同年到达伦敦，不久之后就在新政体下开始做生意，不过照顾他的不是新君，而是马尔博罗。马尔博罗在各种金融事业方面都堪称专家，他与曼地那的生意进行得非常顺利。曼地那跟着他的主人参与竞争，为军队供给粮食。在西班牙王位继承战争时期，曼地那每年的周转金达8万英镑。他的助理同时在马尔博罗的秘密事务中从事着相关工作。这位将军对于曼地那的工作感到非常满意，他怂恿安妮女皇授予曼地那一个爵位。英国将爵位授予犹太人的案例中，曼地那是第一人。

他们两人间的友谊当然完全由金钱维系。1711年，国会披露马尔博罗每年从曼地那处得到五六千英镑的好处。这件事情致使马尔博罗倒台，同时，曼地那显赫的事业也结束了。

巴黎氏四兄弟

500年来，法国军需业变化无常。

14世纪，法国就有私营承办商的存在，被委以供给军队粮食的事务。不过这绝对是一个例外，通常粮食是由军事当局直接采办的。15世纪时，路易十一组建了一个特殊的行政部门，其中的两个委员负责供给军需。100年后，亨利二世赞成并实施承办商制度，设军需总办一职，成为每个具有野心的商人角逐的目标。

但承办商负责供给军需进行得并不顺利。因此，政府设立了军需部。这个部门在路易十四时财政部部长卢孚瓦一度对其进行修改扩充，不过一遇危困的环境，它的工作便受阻碍，不得不求助于承办商。这就给了承办商机会，不久承办商就控制了整个军需产业。

在法国的军需承办商中，最著名的当推姓巴黎的四兄弟，他们是一个小客店主人的儿子。1690年，法国一支军队和萨伏哀公爵发生战争，这四兄弟初出茅庐便大显身手。当时正式实施的军需供给制度，因阿尔卑斯山的阻隔致使运输困难，无法施行。他们中的长次两兄弟便接受了这个任务，着手把粮食运过阿尔卑斯山，送达意大利，最后大功告成，发了一笔小财。他们的服务得到了政府嘉许，不久之后就在法国军需部里担任了重要的职位。1704年，安东尼·巴黎被任命为佛兰德斯军需司令官，其余几兄弟也各自得到了理想的职位。

在这一时期，一个拥有正式官职的人，绝不会因此不能再从事私人商业活动。在专制君主制度下，私人事务和国家事务之间是没有明确界限的。除了极特殊的情况外，无论高级官吏还是他们的君主，在国家的预算和自己家庭的预算之间，都不加以实际的区分。如果照着传统商业规则做，他们立刻可以致富。如果他们昧着良心，做得过分一点（如路易十四的财政部部长尼古拉·孚凯），就可以享尽富贵荣华。巴黎兄弟都是非常精明乖巧的，几年以来，他们把私事和公务混为一谈，却并未引起特别的注意。

他们自恃权势，大胆地反对著名的通货膨胀专家约翰·劳，他们开始从事一项和约翰·劳的银行对抗的事业。当时约翰·劳是法国的红人，他的力量比他们的还大。1702年，约翰·劳被任命为财政统制官长，便把四兄弟放逐到了他们的故乡。不过，只过了几个月，1702年12月，约翰·劳倒台，造了一张假护照逃出了法国。一个月后，四兄弟重回京城。在约800个银行职员的帮助下，他们被委托从事清理约翰·劳所采用的通货膨胀制度的工作，并取得了成功。

排行老三的约瑟·巴黎·杜佛奈，在政府中一直担任财政总办，占据着特别重要的地位。卡定纳尔·弗勒兰登台后，对政府各部进行整顿，下令调查巴黎四兄弟的事务，结果查出他们在做小麦投机，于是四兄弟又被逐出京城。约瑟·巴黎·杜佛奈被送入巴斯提尔监狱监禁17个月。不过，这对这几个不屈不挠的兄弟来说，只是事业中的小插曲。没过多久，他们又回到巴黎，就像什么都没发生过似的，继续经营着军需承造事业。

即使在弗勒兰较严峻的政府政策之下，他们还能继续赚取厚利。伏尔泰是一个非常精明机敏的商人，他投资巴黎兄弟的商业，认为这才是万无一失、利益丰厚的事业。菩马舍是一个老练的金融家，后来他做了约瑟·巴黎·杜佛奈的合伙人。在奥地利王位继承战争中，法国和普鲁士重新站在一条战线上，这时法国军队全体军需人员都归约瑟·巴黎·杜佛奈控制。他在这次战争中所赚得的几百万财产，使他在路易十五执政时获得的特权地位得到了进一步的巩固。

约瑟·巴黎·杜佛奈在事业中所经历的不幸，已经被大家彻底遗忘了，人们公认他是一个伟大的经营者。他发家后，创办了军事学校，教育贵族青年，自任首任监督。他虽已年老，但这项工作还不足以耗费他的全部精力。七年战争时，他老当益壮，重新经营起军需事业，直到去世。

18世纪时的法国，有许多关于军需事业的丑闻，有的是军官的恶行，有的是五谷商人的欺诈。人们对此感到非常愤慨，军队中便有人对贪腐欺诈行为提出了抗议。日后的情形对于承办商渐渐不利起来，但依然有人以高昂的价格供给粮食，获得了丰厚的利益。

法国殖民地帝国的衰落，对于法国军队承办商而言是一个重大的打击。如波尔多的格拉提斯家族，几代人一直经营着驻加拿大法国军队的军需供给事业，算是军需行业中名列前茅的人物。但经过这次打击后，他们竟一蹶不振。当时法国政府停付账款，虽然路易十五亲自调停，但他们仍陷入了财政困难的境地。随后又发生了圣多明哥和马提尼克的叛变，使他们在西印度群岛的分号相继倒闭，损失约为200万法郎。

法国大革命时的军需供给

法国大革命时，由于受到外国的干涉，军队粮食的供给便成了最重要的问题。革命军人最初试图自己保障军需的供给。如迪穆里埃将军这时正在比利时带兵作战，他在几个看起来不可靠的承办商的帮助下，着手在当地采办粮食。在这些古怪的人物中，有一个是从前当过牧师的埃斯巴那克，他对运输有垄断权，希望靠投机手段发笔大财。

在巴黎，这种事情是最令人厌恶的。革命骨干坚决排斥投机分子，而且地方分权是违反新政体精神的。当时经济财政专家康蓬对于迪穆里埃实行的制度大加指责，并着手组建一个委员会，专为军队购买一切军需。迪穆里埃提出了强烈的抗议，且以辞职为要挟。在一封写给当局的信里，迪穆里埃用有力的字眼坚持说，承办商往往劫盗国家钱财，因为国家是最易为人劫盗的，且中央集权也绝不能使这种情况得到改善。

不过当局另有打算。1792年11月，委员会成立，委员包括：约克·巴特曼，一个出生于瑞士的银行家；马克斯·培尔，一个阿尔萨斯的商人，他的父亲是一个军队承办商；约克·安东尼·刻仁，军需学校的数学教授。尽管他们三人耗费极大精力非常忠实地工作着，然而在这次革命中，在半个欧洲都发生战事的时候，仅凭单纯的努力就使军需的供给国营化是绝对不可能的。同时其中还夹杂着政治阴谋，他们受到了一些失意承办商的非难，不到九个月的时间，他们就被弹劾。在这种不安的时期，他们没有被送上断头台已是不幸中的万幸了！

这次军需国营化尝试的失败，完全是一些承办商在作祟，结果他们重新得到了一些有利可图的特权。这时一个青年化学家阿蒙特·萨圭恩发明了一种制作鞣皮的新方法。以前鞣皮制作至少需要一年的工夫，萨圭恩将它缩短至一星期甚至一天。由于法国军队缺乏皮靴，政府便也不多考虑，立刻召开国民会议供给资本，让萨圭恩制造皮靴。最初事情显得相当成功，政府便立即把军队所需要的全部皮靴委托给他承办。他从中获得的利益使他变成了法国最大的财主之一。

除了这种直接合法的事务之外，当时还有一些别的事业能产生收益。军队的纪律绝不是永远严格的，匈牙利士兵和军官常把他们所得到的赃物不问价格地卖出去，赚一点外快。如果能够捞到一点军需品，他们也同样卖掉。这对于一些商人而言是特别有利的，他们可以转手卖给需要的军官。在拿破仑远征意大利的战争中，法军在勒格亨港口掠夺了一艘英国的货船，船上所载货物价值数百万法郎，但他们匆匆地将货物廉价卖给了承办商。后来这种不法事件变得越来越多了。

当时仍年轻的拿破仑将军曾想制止这种活动，不过他的事务太多，终究没有精力管束这些承办商。他觉得很不高兴，就写了一封信到巴黎："他们盗窃的手段太过荒唐，太不检点。只要我有一个月的工夫，就能把他们全部抓起来枪毙。"

乌佛拉特的崛起

在这混乱的岁月中，革命的骚动已经渐渐平息，许多人想方设法在旧制度遭到破坏与新制度匆匆建立的时候收获一点好处。拿破仑时代的大金融家兼大承办商乌佛拉特，便开始开展他的惊人事业。我们已经见识到了他在金融方面的活动。不过，他虽然是一个能干的金融家，但他真正的事业是经营海陆军军需品，他的财产大半也是从这项事业中赚来的。

乌佛拉特生于1770年，是不列颠岛某个小城纸商的儿子。当法国大革命爆发时，他正在奈特一个杂货铺里做工。传来的革命消息立刻激发了他投机的本能和创立事业的念头。他也希望参加革命，但不是做一个革命党人，更不是做一个反革命者，而是想做一个革命的投机分子。有关出版自由的宣言，在他看来绝没有任何道德上或是政治上的重要意义。他只是觉得报纸等印刷品印刷需求的增加，足以造成纸价上涨。因此，他立刻付诸行动。他用父亲的钱，把全省所有纸厂的存货全部买下，并且把两年的生产量全部预订了下来。这次投机获得了惊人的成功，纸张需求量的增加达到了前所未有的程度，纸价飞涨。乌佛拉特因此赚了30万法郎。

同时，奈特人产生了缺少粮食的恐慌，官方防止商人乘机牟利的手段终究无力制止物价的高涨。乌佛拉特自然照常利用这个机会，但不久他就受到了公众的非难。这是非常严重的，在这激昂的时期，小小的事件都会叫人头颅不保。奈特的司令官蒲瓦文将军家与乌佛拉特家是世交，他立刻把年轻的乌佛拉特任命为他的私人秘书，使其置身军官之列。于是，乌佛拉特得意扬扬地戴上有三色帽章的军帽，他投机的过失不久就被忘掉了。这个半军人的身份对于乌佛拉特来说是一个绝好的跳板。他一得到机会，立刻就和西部军队的总司令部搭上了关系。他在那里得到了优厚的待遇，不久就被任命为分遣队司令官。但他正式的军人生涯并未维持多久，同时也没有使他遭遇任何重大的危险。在他初次从事军事活动之后，第二天就被遣至巴黎，护送几面从敌方夺来的旗帜，虽然这些夺获的旗帜与他关系不大。

这个光荣的使命，立刻使他得到了一个进身之阶。经过一番钻营，他得到了罗伯斯庇尔的接见。他所接洽的事务当然不是旗帜方面的事务，他提出集资救济奈特穷困的同乡，同时他替父亲因在战时工厂被毁从公众救济委员会处领到了2万法郎的赔偿。奈特最富有的商人之一泰波特毫不犹豫地把自己的女儿许配给了这样一个聪明伶俐、前程远大的青年。

罗伯斯庇尔

马克西米连·佛朗索瓦·马里·伊西多·德·罗伯斯庇尔（1758—1794），法国大革命时期雅各宾党人的领袖。他领导雅各宾政府颁布宪法，彻底摧毁封建专制制度，保护了革命的胜利果实。但他采取恐怖政策打击敌对势力，引起了很多人的恐慌，最终“热月政变”发生，他被送上断头台，死时年仅36岁。

不过当时巴黎的环境并非十分有利于经商。只要一经公众的非难，这人也许就会被立即送上断头台。直至国民大会被推翻，到了执政内阁之时，个人的权利才重新被承认，乌佛拉特才重新专心致志地着手从事商业活动。1796年，他经营了大笔的粮食生意，几个月内获利50万法郎。但这种生意并不能满足他的野心，真正的大事业只有和政府合作才能做成。要想和政府合作做大事业，他就非得在政府中有立足之地不可。

他凭借锐利的目光，不久就辨别出在那些身处高位的人物中，究竟谁可以帮助他。他选中的是一个军人，即保罗·巴拉斯子爵，此人曾在殖民地军团中服役过，并且在恐怖时代（指罗伯斯庇尔主政时期）非常活跃地当着政府的经纪人。现在他的生活非常豪奢，需要很多收入才能维持，因此他对乌佛拉特之类的人物当然言听计从。

他们两人最初是在塔里安夫人的客厅里相遇的。塔里安夫人是巴拉斯的朋友，后来做了乌佛拉特宠幸的爱人。乌佛拉特和巴拉斯不久之后就互相往来，成了朋友。巴拉斯这时正在军队任职，他提出了一项重大的改革：军队粮食的供给应该交给承办商。在陆军军队里，这项改革当然不易实现。在这范围里的商人太多，要想实现垄断非经过一番激烈的竞争不可。不过在海军里面，情形却完全相反。

这项改革原是乌佛拉特提出来的，现在巴拉斯以专家的身份征求乌佛拉特的意见。巴拉斯用一种绝对客观的态度，说出了让一个能干而忠实的承办商经营这项事业所有的经济之处，于是乌佛拉特就得到了供给海军粮食的垄断权。乌佛拉特每年的周转金达6 400万法郎，为预防纸币发生贬值，他又约定交货后一律以贵金属付款。

乌佛拉特财产的波动

1797年，法国的同盟国西班牙舰队的粮食供给，也委托给了乌佛拉特。同时，乌佛拉特开始经营供给陆军粮食的事业。他的财产很快积聚起来，单是从西班牙的承办事业中，几年之内他已赚得2 000万法郎，他将大笔收益投向房地产。其购买的房产大半是在革命时掠夺来的贵族的旧宅，现在政府便以非常低廉的价格售出。乌佛拉特自己住在巴黎附近的宫室里，该房产原属于奥利安公爵。

一切都进行得非常顺利，但最后拿破仑掌握了权力，我们知道，拿破仑是不喜欢承办商的。执政府被推翻两个月后，1800年1月，乌佛拉特被捕，同时他所经营的海军军需事业受到了严密的调查。他被免职，并被勒令向政府缴纳现金1 400万法郎，直至他的账目完全核清后发还。但几天后他即被释放，不久他就和陆军部部长贝尔蒂埃商议意大利北部新的战争计划。当时最大的订单已经给了一个出生于比利时的五谷商人房勒布歇，但乌佛拉特也分到了一部分。自此以后，他就和房勒布歇密切地合作。

两年后，法国又发生了一次粮食短缺，内地已经开始有抢劫商店的事情发生。拿破仑把他厌恶的承办商乌佛拉特召去，命他处理这一事件。乌佛拉特对于这次突然的复职感到受宠若惊。他说他非常热爱国家，准备在所有交易之中只取2%的佣金。第二年，他重新当上了海军军需的承办商。

在拿破仑准备对英作战时，海陆军粮食的供给再次成为一个重要问题。不过政府的付款很不爽快，不久，政府所欠乌佛拉特和房勒布歇的账款已达6 800万法郎。政府应付账款延期，乌佛拉特就陷入了财政困难的境地，他不得不出卖若干产业。

但这次事件对乌佛拉特的影响很小，不久他又取得了政府金融家的资格。加上政府所欠他的账款，他总共借给了政府5 000万法郎。这笔借款政府显然不够用。1804年6月，当拿破仑举行加冕礼后，乌佛拉特答应财政部部长再借给政府1.5亿法郎，这笔款项将由他和房勒布歇、皮靴制造商萨圭恩以及密歇尔兄弟共同筹措。密歇尔兄弟也是承办商，在执政府时代，他们的名声很差。

这是一件非常复杂的事情，乌佛拉特准备通过什么渠道得到如此巨款，始终无人知道。当时法国的经济状况非常糟糕，从法国本国是断然无法取得的。也许他正在筹划着与西班牙达成一笔大交易，这时西班牙正发生可怕的灾荒，虽然它在墨西哥拥有无尽的财富。

乌佛拉特为实现计划中的交易，预先把粮食运至马德里，并把金钱提供给政府作为维持的费用。如此安排后，他便说出了他的真正想法，西班牙人同意了他的计划。于是就像哥伦布时代的开拓者一样，他得到了与美洲通商的特权。不过在西班牙与英国开战时，他应从墨西哥运送所有西班牙所需用的金银作为报酬。西班牙政府立刻给了他几张西班牙国库的汇票，价值5 200万比塞塔（西班牙及安道尔在2002年欧元流通前所使用的法定货币）。

这些汇票究竟怎样贴现（拿没有到期的票据到银行兑现或支付，并由银行扣除到期以前的利息，称为贴现）呢？这就成了一个问题。他去找阿姆斯特丹的亨利·霍普，霍普公司在拿破仑时代是欧洲大陆上一家最大、最稳固的商号。霍普家族又与伦敦大银行家培林家族有密切关系，他们的经理处分布于全世界。当时的确只有这一家公司能够利用乌佛拉特所取得的特权。经过一番考虑，亨利·霍普答应负责处置这件事。

一切进行得都很顺利，不过巴黎突然发生了一件不幸的事。当英国在特拉法尔加海战（英军主帅是纳尔逊）胜利后，巴黎城里充满了金融恐慌的气氛，商业破产事件时有耳闻，法兰西银行还被一些储户包围，纸币价值一落千丈，政府财政状况到了最危急的地步。

当时拿破仑正在奥地利前线督战，他听到这个消息后震怒：我带领法国军队在奥斯特里齐打了胜仗，他们却在后方添乱。一切损失都要他们赔偿！拿破仑在1806年1月班师，准备进行一次严密的调查。乌佛拉特向亨利·霍普承诺能从西班牙得到钱，结果显然没有做到。更糟的是，乌佛拉特的一个亲信窦不兰兹利用乌佛拉特在法兰西银行中的地位，用欺诈手段支取了数百万法郎。

特拉法尔加海战中纳尔逊阵亡

纳尔逊（1758—1805），英国著名的海军将领和军事家。他在特拉法尔加海战中击败拿破仑帝国的联合舰队，使拿破仑进攻英国本土的希望破灭，但他也在那场战役中殉国。

这样，拿破仑发现他竟做了一帮投机者和高利贷者的牺牲品。他要想摆脱他们的罗网，唯一的办法只有诉诸武力了。拿破仑武断地取消了政府债务人的地位，并责令一些承办商和银行家处理他们没有完成的工作。事情毫无商量的余地，拿破仑立刻下令，这些银行家应赔偿国库8 700万法郎。不论他们是否愿意付出，或是否有能力支付这笔赔款，乌佛拉特和他所有的爪牙都将被送入监狱。

乌佛拉特认清了形势：至少在这个时候，他的计划失败了，因此他答应支付所有款项。事实上，在随后几年中，他和他的合伙人又把他们所支付的大部分钱款在海陆军军需供给中收了回来。后来拿破仑又把他们的债款从8

700万法郎增至1.41亿法郎，乌佛拉特支付大部分款项之后，想由公司清理其余款项，实行逃债计划。他的确希望剩余的欠款可因此被遗忘，然而拿破仑对所有一切他自己经手的事务都是丝毫不忘的。1809年7月，拿破仑突然颁布对乌佛拉特的拘捕令，同时取消了所有海陆军军需供给的承办契约，于是军需的供给重新由国家经营。

乌佛拉特与波旁复辟

乌佛拉特被捕后，在监狱中度过了四年时间，但他的狱中生活条件非常优越。他得到了几间合乎他自己要求的牢房，其中一间做他的办公室。他虽然被关在牢里，但仍继续从事着他的事业。有时政府遇到困难时，也来向他讨教。例如，1812年春，巴黎又发生了粮食短缺，巴黎警察总监便来找他商量应对方法。他在这类事件上的经验是无人能敌的。他立刻就军队和人民的粮食供给起草了一份完备的计划大纲，同时就远征俄国军队的粮食供给起草了一份计划，但这份计划没有被送到拿破仑手里。

两年后，乌佛拉特又开始从事军队承办商的事业。在第一次波旁王朝复辟的时代，拿破仑正在厄尔巴岛，乌佛拉特凭借一个经纪人的代理身份，得到了全部政府粮草的供给资格。乌佛拉特的朋友——阿姆斯特丹的亨利·霍普——借给了他必需的资本。当拿破仑卷土重来时，乌佛拉特的金融地位已经再次变得非常稳固，他又能向拿破仑提供极大一笔借款了。这时他被任命为军需总办，负责采办各种军需供给。他在监狱中的几年生活，得到了丰厚的补偿。

拿破仑政府被彻底推翻之后，乌佛拉特向新成立的政府要求提取若干拿破仑最后借款所给他的担保品。因此，最初新政府对他很厌恶，但不久他就和新政府建立了良好的关系。他参与了伦敦培林银行和阿姆斯特丹霍普公司的一个借款计划，以筹措法国应付赔款的费用。他还供给了反法同盟国军队占领法国所需的粮食（所谓“反法”，是指反对新兴资产阶级主导的法国，而不反对以波旁王朝为代表的封建势力）。

当1823年法国与西班牙革命政府开战时，乌佛拉特重新获得了供给法国军队粮食的职务。不过这一次他和总司令安古雷公爵所签订的条约太宽松了。政府把所有已由军事当局收集的军需交给乌佛拉特，并给他预支大笔款项，事实上一切的危险都由政府负责。这一次乌佛拉特做得太明目张胆了。当这次小的战事结束，参议院调查军事费用时，对与乌佛拉特的契约进行了详细的研究。这时他们发现在所耗费的五六千万法郎中，有3 300万法郎落入了乌佛拉特的腰包。调查委员会对每一货车干草都进行了一番严密的计算，提交了一个2 000页的报告。他们下结论说，乌佛拉特的工作对国家利益的损害很大。

这时舆论对乌佛拉特进行了坚决的攻击，这种态势对于他的仇敌来说是一个绝好的报复机会。萨圭恩原是乌佛拉特的合伙人，20年前曾吃过乌佛拉特的一次大亏，现在他设法使当局逮捕乌佛拉特。不久在西班牙军需供给问题上，又有人对乌佛拉特提出了控诉。这些控诉案不断迁延，直到5年后才算了结，乌佛拉特被宣告无罪。在这期间，乌佛拉特一直被关在监狱里面，通过写自传来消磨无聊的时光。

被释放时，乌佛拉特已将近60岁了，他重新投身商界。承办商的事业虽已无法再做，但还有许多其他赚钱的方法。他在以后的16年余生中，专门从事证券投机，有时在巴黎，有时在伦敦，有时在荷兰。

他以前的同行还是继续攻击他，他一度再次锒铛入狱。之后，他似乎完全走了霉运。在这段时期刚开始的时候，他在巴黎交易所还做着一些大的交易，并且非常成功，有时甚至会和罗斯柴尔德家族对抗，但随后他的事业便急剧萎缩，越来越不顺利了。他76岁时逝世于伦敦，当时他的生活非常优裕，他平淡地死去了，一点也没引起世人的注意。在某些方面，乌佛拉特的手段固然非常新式，然而他终究是一个属于旧时代的人物。他就像十六七世纪时的一些参谋一样，向各国政府叫卖惊人的计谋。在乌佛拉特看来，政府只是一个用来为自己牟利的对象，这就是他所有活动的中心点。他坚信资本家有超然的地位，轻视官僚政治。不过，“私有企业的经营范围超乎政府金融之外”这个19世纪时的普遍观念，对他来说却是完全陌生的。因此，他也许是最后一个典型的旧式军需官了。

在随后的一个时期中，欧洲是比较和平的。虽有战争，但时间很短，并且无论是地理位置还是时间，相隔得都很远。在和平时期，军事当局自己采购军需。若干工商业部门通过这种交易也许可以得到优厚的利益，但这只是全国事业的一小部分，不足以引起重视。例如，海陆军军需业全部的容量，尚不及铁道建筑所需的数额。自此以后，只有军火制造商与银行家两种商业团体可以真正和政府做大规模的交易。

美国内战

美国南北战争引发的经济骚动，实较1815—1914年间欧洲历次战争所引发的骚动严重得多。这个庞大的国家，刚朝着经济统一的路上走去，就被南北战争一刀切为两段。北方五谷有余，但布帛不足；南方产棉过多，但粮食短缺。许多产品双方都不足。

当时双方都没有做好开战的准备，一切都有待改进，并且在这个时期，大批移民正在源源不断地前来。数十万人向西寻找新的土地，或探寻黄金和白银。当50万人战死沙场时，80万先锋却在朝着西部挺进。货币制度在这段紧张的时期崩溃了。在北方，“绿背”新钞币跌价50%；同时，南方纸币的实际价值跌至票面值的1/12。

在这样混乱的状态中，一个勇敢的投机者就能创立起一番事业来。最初，人人都感到失魂落魄，银行停止付款，在北方有12 000家公司宣告破产。但这次的衰落过后立刻紧跟着产生了狂热的战时景象。百万美金一向是一个激动人心、受人注意的数目，在当时的商界成为每一个冒险者的目标。内战前，美国的百万富翁仅仅十余个，但在战争中，获得数百万财产的有几百人。

那些在19世纪下半叶达到财富最高峰的商业巨头，差不多都是在南北战争时打下的财富根基。我们已经看到摩根如何在24岁时开始他的军械运输事业，以500%的利润倒卖旧的来复枪。另一个人是安德鲁·卡耐基，他是一个大实业家。内战爆发时，他刚26岁，正在司各脱的手下做工。后来司各脱被任命为陆军部副部长，负责处理军事运输事宜，就把年轻的卡耐基带了过去。

晚年的安德鲁·卡耐基

安德鲁·卡耐基（1835—1919），美国著名实业家、慈善家、“钢铁大王”。1901年，他的钢铁公司的销售额已经占全美总销售额的四分之一。他生前积攒了大量财富，成为世界上最富有的人。功成名就后他不忘回馈社会，捐赠了自己大部分财产，被誉为“美国慈善事业之父”。

卡耐基和司各脱一边从政，一边从事商业活动，他们在陆军部的地位带给了他们一些绝好的机会。卡耐基的职责是勘察何处缺乏铁轨，何处缺少好的桥梁。因此，在南北战争中，他和司各脱共同创办了一家建筑桥梁和制造铁轨的公司。凭借他的地位，他当然不难替公司拉到生意，他的事业迅速发展起来。内战时，铁价飞涨，卡耐基便创办了几家钢铁厂。1901年，卡耐基以4.74亿美元的价格卖给摩根的庞大钢铁厂，就是从这两项事业中逐渐发展起来的。

约翰·戴维森·洛克菲勒从20岁开始就在克里夫兰船坞的一个小经纪人那里工作。内战之时，他经营的各项事业非常兴旺，其中五大湖沿岸各地五谷运输事业最为兴旺。但洛克菲勒把他的盈余投资在了另一项事业——石油上。石油业在当时虽然还不是很发达，但产生的收益更大。内战时期，每桶石油的价格从10美分升至8美元，洛克菲勒的资本得以迅速增加。战争结束时，洛克菲勒的资本已经非常雄厚，他以7.25万美元的价格把他合伙人的股份买了下来。当他需要新的资本扩充工厂时，就向斯蒂芬·哈克奈斯商借款。斯蒂芬在内战时以推销糖酒和威士忌致富，那时他已是克里夫兰最大的富翁了。

晚年的洛克菲勒与夫人在一起

约翰·戴维森·洛克菲勒（1839—1937），美国著名石油大亨，资本家、慈善家。洛克菲勒创建了标准石油公司，是美国史上第一大富豪，同时热心于慈善事业。

所有在这一时期发了财的，都是抓住了内战机会的人。拥有若干大百货商店的约翰·沃纳梅克（百货商店之父），是通过经营军需起家的。他将蓝法兰绒供给联邦军队，从这项事业中所赚的钱成了他庞大财产的基础。

就像其他军需商人（如诺贝尔和卡耐基）一样，沃纳梅克后来也变成了一个热忱的和平主义者。在第一次世界大战之后，人们在纽约的一个公共场所建造了一尊他的纪念像，上面有一颗星星永远闪耀着，喻义他的光辉唤起了人们追求永远的和平。然而在这大都市的灯火辉煌之中，这颗永生的星星却并不比普通的烛光亮些，这也许具有一种象征性的意味吧！

奸商

有句格言是这样的："你所赚的钱，不是从你所送交的东西中赚来的，而是从你不能送交的东西中赚来的。"这句话在美国南北战争时的军需供给中再次得到了证实。

当时一些商人继续以数量不足或品质不佳的军需供给蒙混政府，这种奸计主要是在货物的品质上面使政府受骗。废弃无用的兵器、多孔的皮革、不能吃的粮食、患病的马匹等种种劣质的东西都在供给之列，这种不老实的手段甚至对伤兵也不轻易放过。百万富豪法加尔在年轻时就曾经营这种事业，他在自传中曾有生动、详细的记述。例如，用旧板条做的担架常常会折断，情形严重的，伤兵还因此被摔死。

不过使用这种手段的人都势力稳固，不易攻击。他们组成辛迪加，政府检察官显然是收受了充足的贿赂的。法加尔曾谒见当局，他带去了一副劣质的担架，请政府人员躺在上面。不用说，那担架折断了，于是当局就向法加尔订购了一批较优质的担架。

军事当局对于这种现状当然不是完全迷糊的。但他们不敢争执，因为当时军需品很缺乏，他们害怕因此使军需品格外短缺。当时一切都很短缺，于是有什么他们就接受什么。当时就连那些受到贿赂的人，对一些厚颜无耻的诈骗也皱起了眉，这样在美国就有一批奸商发了大财。

最后，国会组织调查，引发了公众对他们最严厉的指责。不过相比于法国政府对乌佛拉特的处置，美国政府对奸商的态度宽大一些。大奸商中没有一人被送进牢里，只有少数小经纪人和下级军官受到了惩罚。

运输利益

在这次战争中，获利最大的不是军需供给方，而是军需运输方。一些铁路公司获得了极好的时机。联邦陆军部部长卡美隆在铁路公司中是有股份的，司各脱和卡耐基也有股份。他们把政府的运费定得比普通民众高50%，因此在司各脱接任的头一年，他的宾夕法尼亚铁路公司的盈余便增加了130万美元。

轮船公司的情形也一样。轮船业的巨头是科尼利尔斯·范德比尔特。当摩根、洛克菲勒、卡耐基的事业刚起步的时候，他已经年近古稀，是当时美国最大的富翁。他后来投资铁路事业，但在此之前，他已经从航运业中赚到数百万的资产了。1862年，联邦政府决定远征新奥尔良——南方的一个主要海口，他们找到范德比尔特，要他筹集必需的船舶。在短时间内，他雇到了整支舰队。

范德比尔特

科尼利尔斯·范德比尔特（1794—1877），外号“船长”，出生于纽约斯坦顿岛上的一个贫困家庭，11岁辍学到纽约的轮渡上工作，慢慢地熟悉了轮渡生意。16岁时，他向父母借了100美元去做生意，用这笔钱买了一条船，在纽约港口之间摆渡。从这条船开始，他逐渐成长为航运业的巨头，后来又成为铁路、金融业巨头，是美国史上第二大富豪。

这些船舶是由一些较小的船主供给的，他以付给船主的双倍价钱向政府要价。他所供给的船舶有的已经十分破烂，将它们驶入大海是非常危险的事。政府组织了一个调查团调查这件事，最终他们把一切罪过归在范德比尔特的一个名叫苏柴特的经纪人身上，把范德比尔特所有的责任推脱得干干净净。

南部诸邦的封锁使南部水道航运发生了危险，但越是这样，越能给航运事业带来商机。联邦政府决定输入物品均出价收购。如果载有军需品的船舶冲过封锁区域，则每一艘货船可以获利3万英镑。如果有两艘船冲过，即使全队被捕，船主人也可以不必担忧损失。这种政策极大地刺激了投资者，当时南部诸邦对这项事业的投资达五六千万美元。

在封锁时期，运输的利益增长到如此之高，引发了外国资本的涌入。1863

年，当时联邦政体已岌岌可危，厄尔兰格的一家法国银行却给南部诸邦在欧洲发行了一笔1 500万美元的借款。南部诸邦以棉花为借款的担保。这笔借款言明用于购买船舶和军需品，却变成了全世界范围内非常奇特的一次军事交易。在这1 500万美元中，500万美元用来购买船舶，结果并未运至美国，700万美元作为利息等花费，因此借款人实得数额只有五分之一。另一方面，当联邦政府开始购买棉花充作担保时，货币形势已经非常紧张，不久就完全崩溃了。

自此以后，航运事业就一直是战时最有利可图的事业。因此，那时一些船舶主人就乘机把对他们已经没有价值的旧船以高价卖出或租出去了。

库克氏旅行社的军队运输

英国政府和库克氏旅行社之间的交易可以说是军事运输业中最奇异的交易。1871年，英国政府就曾认真考虑殖民地军队的运输事务是否应该委托给库克氏旅行社办理，因为其运输费用比政府自己办理更为低廉。13年后，当英国政府准备远征苏丹时，这项计划付诸实施了。

当英国在埃及尚未取得优越的地位时，库克氏旅行社的创办人托马斯·库克（现代旅游业之父）与其子约翰·梅森·库克在该地早已取得了特殊的地位。他们负责经营尼罗河上定期的汽船与邮政事务，做着运河事业的“旅客代理人”，因此他们实际享有所有运输事业的垄断权。

1882年，泰尔·阿尔·克比尔战役（英国镇压埃及独立的决定性战役）后，库克氏旅行社已在从事运送伤兵到亚历山大的事务。两年后，英国集中兵力，准备在苏丹做最后一击时，政府将全部运输工作委托给库克氏旅行社。在他们的组织之下，以汽船28艘、较小船舶800艘运送军人18 000人、军需品13万吨至尼罗河。

不过这支远征队到得太迟，并没能营救戈登（苏丹总督，死于苏丹马赫迪起义），但这不是远征队的过失，他们从这次的远征中收获了极大的声誉和利益。

在其他殖民地战争中，英国政府虽曾雇佣过轮船公司，但这种应用轮船垄断军队运输的事始终没有发生过第二次。布尔战争时，轮船公司主人约翰·埃勒曼非常活跃。在1898年美西之战时，他通过使用他的船舶获得了厚利。现在是在本国发生战事，他立刻就把所有的船舶供政府使用。

在这次南非战争中，他获利数十万英镑。战争结束后，他把他最重要的产业——来兰航线公司，卖给了一个领袖为摩根的美国团体。他将依靠这笔交易赚得的数百万英镑，趁机投入其他轮船公司。

一些历史悠久、比较重要的轮船公司也没有放过战争所带来的机会。日俄战争时，德国最大的轮船公司之一——汉堡美洲航线公司就曾和俄国做了很大的交易。当远东形势日趋紧张时，该公司董事亚尔勃脱·巴林派遣代表至圣彼得堡，游说俄国政府购买船舶。数月后，战争爆发，汉堡美洲航线公司与俄国达成一笔交易，卖出旧船15艘，卖价之高，在汉堡美洲航线公司内是没有一人敢想的。

其后，俄国政府决定派遣波罗的海舰队绕道至远东，援救大连，汉堡美洲航线公司又供给俄国舰队全程所用燃煤。为完成这项困难的工作，该公司租用了一部分外国的船舶，总共80艘煤船，有的经苏伊士运河，大部分则绕道好望角，供给俄国舰队所用的燃煤。

这次航程虽然对俄国来说鲜有功绩，但该公司从中得到了丰厚的报酬。在两年战争中，公司盈余由2 200万马克增至3 800万马克，红利由6%增至11%，还拥有充足的现款用以购买华美的新船，以替代已卖给俄国的旧船。

英国航运业的景象

第一次世界大战时，战争双方轮船公司的地位完全不同。德国和奥地利的轮船公司自开战至战争结束，始终受到全面的压制。亚尔勃脱·巴林虽然并不是汉堡美洲航线公司的大股东，但他觉得非常失望。1918年11月9日，当他的朋友德皇威廉二世逃出德国时，他自杀了。

协约国的情形正好相反。法国的公司和意大利的公司都发出了双倍红利，并分配了额外奖金。不过和英国轮船业相比，这就算不上什么了。英国商船不但将食物和原料从全球各地运至欧洲，将军队从帝国各部载至欧洲，还不断从美国运来军需品。

19世纪，美国商业已经慢慢发展起来，国内的需求日渐增多，美国不想再使本国的航运事业与国内的需求相冲突。南北战争前夜，美国的输出贸易中，三分之二由本国船只载运，1900年则降至7%。第一次世界大战之初，美国轮船所载输出商品总额只有50万吨。这个数目与美国贸易总额相比显得微不足道。因此，英国轮船公司便少了一个强有力的竞争者了。

英国政府始终坚持着自由贸易的信条。当时尽管有人发出了政府是否应该征调它所需要的船舶的疑问，但自由贸易观念最终取得胜利。在拿破仑时代与布尔战争中所流行使用的手段，丝毫没有改变：航运的运输费用还是由供求关系决定。航运界看到船舶供不应求，便任意向政府索要极高的价格。从1914年至1917年，船舶租价每吨由3先令增至50先令。

在这种状态之下，船舶买价也跟着急速上涨。一些最破旧的货船也在这个黄金时期进行着买卖。大小轮船公司之间以近乎肆意妄为的价格，做着船舶交易。

肯那特航线公司以500万英镑的价格买下了自治领航线公司，其实自治领航线公司的资本价值尚不足200万英镑。古巴轮船公司以32.5万英镑的总值卖出3艘轮船，这3艘轮船的原价为19万英镑，照公司账册所记，它们的价值只有9.6万英镑。不过这个价格还是比较适当的。1917年，亚尔弗兰特霍尔脱厂以60万英镑的价格向乃特轮船公司购买了4艘旧船。照该公司账册的记载，这四艘船的价值只有8万英镑。

但即便以最高价格买进轮船，所获利益还是很大的。客船的收益增加2倍或3倍不等，货船的收益则增加10倍。1913年，英国航运业的纯利润共有2 000万英镑；1916年则为2.5亿英镑。减去额外利润税，计入国库1.15亿英镑，纯利润共有1.35亿英镑。

直到轮船运费达到了惊人高度——在第一次世界大战最初的两年半内，轮船公司获利达3亿英镑，英国政府才开始考虑采取干涉手段。当时英国首相劳合·乔治开始实行相当严格的统制措施。1917年6月，政府着手征发轮船，规定运费，但即使如此，轮船公司的业务依旧获利很多。不过到了大战的最后一年，各公司都在着手建造时速更快的轮船，以避免德国潜水艇的袭击，人们便开始感到了总吨位的过剩（速度快意味着要牺牲吨位）。

军事运输的结束对于轮船业的影响自然很大。事实上，只有一些并不从事大规模兴建船舶，而将其盈余审慎地投资于其他事业的轮船公司主人，才能保证其财产的完整性。其中最著名的是约翰·埃勒曼爵士，他虽然也扩充了船舶，但他预先把大部分财产投资到了其他事业上，买进了大批房产。战后航运业一落千丈，但房产，特别是伦敦中心区的房产，价格不断上涨。1929年，埃勒曼的财产共3 500万英镑。

埃勒曼的财富使一些英国富有的贵族相形见绌，连扎哈洛夫爵士都比不上他。这时经济危机突然袭来，即使靠聪敏的投资赚得的财产也都减少了。不过，在1933年埃勒曼逝世时，他的遗产还有3 000万英镑，因此可以说他是当时英国最富有的人，或许也是全欧洲最富有的人。他的遗产税对英国财政部来说自然是一笔横财了。

中立国的利益

一些中立小国轮船公司的利益和英国固然不能相比，却也非常可观。荷兰航运业的红利，由1913年时的10%增至1916年时的50%，有时甚至达到了100%。瑞典三家轮船公司的利润，在同时期中，较原来增加了7倍。挪威获得的利益较第一次世界大战前的平均数增加了4倍，丹麦则增加了16倍。

在这几个国家中有一种特殊的现象，即运输业是和金融业混在一起的。像旧时的航运公司一样，轮船公司出资买进船货，运至交战国家。这样其在航运利益之外，就可以有一笔额外的收入了。尤其是在德国，任何物品冲进封锁区，政府都会给出惊人的好价钱。中立国家的利益，多半是从军需品交易中得来的。根据财政统计，一年之中，荷兰的百万富翁增加了367人。

在中立国家，也像在交战国家中一样，既然一种事业容易获利，就引发了疯狂的扩张。新的事业勃兴，造成了极大的浪费。斯堪的纳维亚国家（包括丹麦及斯堪的纳维亚半岛上的挪威和瑞典）通常是最谨慎的，但这时轮船业也毫无节制地发展了起来，新设公司3 000家，发行的股票价值20亿克朗。挪威本是穷国，这时也新成立了70家银行，发行的股票价值5亿克朗。丹麦更是着手从事一项冒险的工作，它计划把哥本哈根打造成北欧最大的商业都会，以夺取汉堡的地位。

1916年，在银行家格罗克斯达脱的主持下，在哥本哈根成立了一个横跨大西洋的进出口贸易公司，目的是将丹麦的商品推广到全世界。该公司在外国所设分号达50余个，但并没有取得预期效果。德国潜水艇战争越来越激烈，公司的活动大受阻碍。沙皇俄国的溃败使格罗克斯达脱受害不浅，因为那时该公司与俄国的业务开展得最为顺利。沙皇俄国的欠款很多，这些钱当然全部损失了。这就是格罗克斯达脱参加反苏维埃政府的活动，支持尤登尼契将军进军圣彼得堡的原因。不过反苏维埃政府的活动失败了，丹麦人收回所有债款的希望也就完全破灭了。

格罗克斯达脱的许多其他企业与投资也不是很顺利，战争一结束，他就不得不宣告破产。他的进出口贸易公司的损失以及丹麦农民银行的损失，共计2亿克朗，最后政府不得不发出3亿克朗救济储户。第一次世界大战前，格罗克斯达脱是丹麦最大的富豪之一；1923年，他死于狱中。

荷兰人奥古斯脱·克鲁勒的活动相对而言更为成功。他以莫勒轮船公司为核心，组建了一个庞大的工商、金融事业的联合机构。大战前，莫勒轮船公司已经通过将西班牙、摩洛哥、瑞典的矿苗（岩石、矿脉、矿床露出地面的部分，是矿床存在的直接标志）供给德国重工业，特别是通过供给克虏伯工厂，与其产生了密切的接触。第一次世界大战期间，克鲁勒继续设法与德国进行贸易。有一段时期，德国粮食极其短缺，他又把阿根廷小麦供给德国。

从这项事业中获取的极大利益使他在罗忒达姆银行及其支配的各商业银行中获得了稳固的地位。他又买进了大宗德国重工业的股票。不过战后的损失，特别是轮船业的损失惨重，因此，克鲁勒不得不在1925年时极大地收缩他的业务范围。他在战时获得的财产，在中立国中也许是最大的，但不到几年时间，却所剩无几了。

德国的战时贸易

在工业界（军火工业除外），德国在大战前期所获利益最大。协约国的利益因种种缘由受到限制，美国适逢商业恐慌，德国自始即将其工业产品用于满足战时的需要，各项工业都有飞速发展之势。政府对于利润不但不加以限制，反而将其作为对生产的激励。当时主持大局的军事当局坚持一种不计成本的原则。

煤气灯公司与电气灯公司等因与军需事业并无直接或间接关系而未能利用此次机遇的公司，毕竟还是少数。如果我们拿1915年德国公司的盈余百分数与前几年的百分数相比，就可看出它们确有普遍的繁荣。皮革业的利润从20.3%增至37.7%，油脂业从15%增至20.3%，纺织业从14.7%增至23.8%，木材业从5.5%增至10%。即使是一些与战争关系并不紧密的工商业也同样兴旺了起来。例如，数百万人被动员起来，或接受着军事训练，或被集中于拥挤的营房里充作后备力量，因此就使旅馆与酒店行业极其兴旺了。粮业的利润从6%增至11.4%。所有这些数字都是在德国货币币值尚无重大变动时的情形。

封锁政策的结果是商品严重缺乏。各行业对于物价不得不采取严格的统制措施。同时，至少有数十万人，特别是在乡村，秘密地以极其昂贵的价格推销着商品，因此物价便高低不等。

紧接着马克贬值，第一次世界大战结束时竟贬至原值的40%。当时虽然有着无数章程与规则，但商业显得富有投机性，获利更大。不过在大战过后，德国与中欧、东欧其他若干国家的通货膨胀，使大部分战时所发之财很快地消失了。只有一些像雨果·斯蒂尔那样的人，预先看清了通货膨胀的本质，采取应对手段，才保全了财产。

摩根的垄断贸易

美国拥有大部分欧洲所需要的货物，美国的轮船公司虽然不多，但运输是不成问题的，唯一的问题是交战国家以什么方法来偿付货款。我们在第二章中已经看到，英国是协约国中最早把相关贸易事宜交托给摩根处理的。这应该归功于摩根的合伙人亨利·台维逊。一份秘密契约在1915年1月底签订，摩根正式被任命为英国政府驻美商务代理人，负责所有英国在美国的采办事务，这是一份前所未有的大契约。

这样一种垄断贸易，在英美两国足以引起非难。无论如何，在理论上，两国都崇尚自由竞争，美国还出台了许多防止垄断的法律，但台维逊竟想方设法扫除了这种障碍。大战前，美国参议院着手调查摩根的金融公司，当时就是台维逊代表老摩根出席辩护的。这次他打破了每一道难关，甚至远涉重洋，到伦敦去安慰一些进口商人，那些商人认为摩根的垄断侵犯了他们的权利。当时财务大臣劳合·乔治在国会里面坚决拥护这个计划。

劳合·乔治还进一步热诚地敦促协约国采取同样的方式。1915年2月初，英、法、俄三国的财政部部长为切实统一采购军需的事务，在巴黎举行会议。当时虽然为时尚早，不能断定这个计划能够成功，但劳合·乔治始终坚持法、俄两国应与摩根的银行签订同样的契约。

法国在美国购货所采用的手段虽然不见得特别奏效，但并未立马采取劳合·乔治提出的垄断手段。这个问题被详细研究了数月之久。

同时摩根亲自到欧洲来了，但他并不急于和协约国政府签订契约。在英法两国政府在订货的金融问题上没有找出妥善的解决办法之前，他并不准备接受法国政府商业代理人的职务。1915年4月30日，问题解决了，法国和摩根签订了一个与英国所签订的极为相似的契约。契约中规定，摩根在美国采办货物或签订契约时均须得到法国政府的批准，不过这项规定对于摩根的权力没有实际的妨碍。

摩根订货时，绝不是毫不斟酌的。他最先把这些订单交给一些在他银行支配之下的厂家，有时一些订单价值数百万美元。据说单是一次的数额，就达到了6 700万美元。

直到1917年夏，当美国政府开始注意军需问题时，摩根经手的协约国的订单已达30亿美元。当参议院委员会调查军火业时，认为摩根对美国的参战应负完全的责任，但摩根生气地否认了这一点。他申辩道："参加战争将会使我们丧失这项事业。"这当然不是完全不合理的。"谁都没有我厌恶战争。"他告诉委员会。不过他从这种垄断事业中所获的利益，的确可以使他略微减少一点对战争的憎恶。按照他自己的说法，他从英法政府的订货中，只拿1%的佣金，即他只得3 000万元。不过这个数字并不十分可靠，根据委员会的调查，摩根从英国的订货（总数约为15亿美元）中拿1.33%的佣金，从法国的订货（总数为10亿美元）中拿比1%略多一点的佣金。摩根除与英法两国交易外，和俄国、意大利、加拿大的交易数额也很大。

他所得的佣金只是他利益的来源之一。他向自己做着股东的公司订货产生的利益，至少也有这么多。在整个事件中，协约国把这么重要的垄断权交给一个既做买家又做卖家的人，真是怪事。

摩根为协约国供给军需品的效率常常备受赞赏，他身兼金融家和工业家的身份，的确做了许多有益的工作。不过有一个问题依旧没有解决，就是这种集中采办制度对于协约国而言究竟是否像劳合·乔治所说的那样经济有效。协约国政府如不借手摩根直接采办，是否能够做得更好一点？这个问题只能全凭主观推测了。不过，摩根虽然是协约国的代理人，但对于他为协约国采购的货物，他是绝不替其杀减价格的，这是一定的。事实上，正是在他自己有着股份和支配力量的那些工业部门中，物价增长幅度较大。例如，钢铁出口价格比原来增长4倍，而这些产品的主要来源就是摩根所支配的美国钢铁公司。

美国在第一次世界大战时产生的巨富

美国军火以及供给在欧洲制造此项物品原料的输出，占供给协约国军队物资总额的半数多一点，其余则大半为食物与衣着用品。后者输出法国的比例比输出英国的略高。1915—1918年间，法国从美国进口的物品，共有谷物36亿法郎、棉3亿法郎，总和约与军火等的总和相等。

协约国所支付的农产品的款项数额之大，并不全由需求量大造成的，更大的原因是物价持续上涨。1917年，当美国政府进行干涉，规定谷物价格以比

1914年时的水平高出2.5倍为准时，它已涨至3.5倍了。因高价所获的利益固然一部分分散到了数百万农民中，但极大一部分落入了投机者与中间人的腰包。罐头行业也发了大财，芝加哥最大的四家罐头食品厂——阿尔谟厂、斯惠甫脱厂、莫里斯厂、卡达海厂，利润从战前的1 900万美元，增至1915年时的3 600万美元、1916年时的5 500万美元、1917年时的8 700万美元。在最后一年中，莫里斯厂的盈余是其股资的2.5倍。

美国人对于突然到来的兴旺司空见惯，但这次的战时景象却前所未有。一些老人记得的南北战争时狂热的景象，也被这次利益泛滥的景象超过了。这次美国商人又能通过诚实不欺的手段，以不折不扣的数量（指不必在数量上弄虚作假）发财了。商人不必出卖无用的来复枪或病马，都能漂漂亮亮地交货，并且他们所得货价往往是更漂亮的。

人们普遍相信，在美国每一个人都从第一次世界大战中发了财，不过我们绝不能对这个观念太认真。工资在美国正像别处一样在提高，但速度并不像物价上涨那样快。因此，人们的购买力也许反而会因此降低，只有资本家毫无疑问地享受了这次的繁荣。

第一次世界大战结束后16年，美国参议院委员会发布了一个在第一次世界大战期间以及第一次世界大战刚刚结束后，每年收入超过100万美元的缴税者的名单。名单中共181人，其中几个百万富豪对于其被列入因战争获利的名单中，提出了严重的抗议。有些老资本家，像阿斯忒氏，他们的财产已经存在几代人的时间了，把他们列入这个名单里的确不当。不过，如果我们对历年数字做一番比较，对于战时经济的盛衰，就可得到一个明确的概念。

1915年，年收入超过100万美元的纳税人共有64人；1916年为108人；1917年正值战时贸易最繁荣的时候，有129人；1918年，因物价统制与军需订货减少，此数跌至73人；1919年又跌至65人。不久，这些巨额财产就像物价跌落一样很快消失了。战后，又有几个人被列入这个名单里，同时也有许多名字，包括摩根，被剔除了。1920年，此数跌至29人。

第一次世界大战时期的利润总额

我们若希望对第一次世界大战期间的利润总额有一个明确的概念，就应该看一看额外利润税的数额。除了英国，各国直至1916年才开始征收此税，因此只能提供后面几年的数字。在美国，到1918年，此项税收总额为55亿美元，英国为20亿美元，德国接近10亿美元。

假定此项税收的税率为40%，那么，单是这几个国家，已经公布的战争利润就有200亿美元。法国在1917年及1918年所征战争利润税约为10亿金法郎，奥地利约为12亿克朗，荷兰约为8亿弗罗林，瑞士约为5亿瑞士法郎。这几个国家的纳税人所缴的税，最多不过战争利润的三分之一。其他国家的战争利润也很多，例如西班牙，那里所征的税最少。

如果对各国进行统一计算，我们可以计算出一个庞大的总额。交战国和中立国从战争中所获利润总额约为300亿美元，根据目前英国币制计算，约为100亿英镑。其中，至少有三分之一被征税员截留。

在全部利润中，一部分（不到半数）是靠直接或间接供给政府订货得来的。第一次世界大战的爆发使人们看到了政府承办商的复活。政府再次恢复了一种早已备受指责，当时差不多已经被遗忘了的特许垄断权的制度。从摩根担任的商业代理人的形式来看，久已废弃的军需总办的职务再度出现。

这时的承办商比乌佛拉特时代所冒的风险小得多。至少现在没有拿破仑，不会再发生不给他们钱反把他们关进牢里的事，他们的确没有生命危险了。在这前后没有一个大的承办商受到过处分。

有些人，如丹麦的格罗克斯达脱，在第一次世界大战中发了财，结局却很惨（战争后期，丹麦国内动乱，货币贬值严重），但绝不是因为他们赚的钱太多，而完全是因为他们所赚的钱不够应付国际政局巨变，与沙俄的交易是造成严重损失的唯一原因（二月革命后，沙俄政权覆灭）。除了兵工厂外，1918年德奥两国的政治骚动与所签订的各种和约，均未使军需商产生严重的损失。

这一类战时事业之所以能够保持相当的地位，是因为直到现在，始终很少有人注意。人们对军火制造商感到气愤，但对那些供给生活用品原料的人，那些供给腌牛肉、军服、皮靴、煤油、汽油以及千百种现代军队所需要的其他物品的人，很少加以注意。

在未来战争中，这种需要绝不会减少，也许只会增加，什么东西都急切地需要，什么东西都以战时的价格支付。因此，如果我们研究一下究竟哪种人在战争中会获得经济利益，就会发现承办商是不能低估的。

Chapter 5

第五章

投机者

战争投机的性质

筹款充作军费的金融家、大炮制造商、粮食承办商——他们所获得的所有利益都可以说是工作得来的正当报酬，虽然这种报酬是否与所做的工作相当，是众说纷纭的。现在我们要提到一个特殊的利益群体。我们之所以说他们是一个特殊的利益群体，是因为他们绝对没有权利要求这种报酬。一个投机者绝对没有做任何工作，其事业的成功跟一次战事的成功之间是没有丝毫关系的。

“投机”这个名词，特别是用于现代战争中的经济领域时，有着各种不同的含义，因此，我们应该给它下一个定义。如果一个一向制造烟囱的商人，看到战时制造子弹获利较大，便开始经营此项事业，那么，在这个新的事业中就含有投机的意味。不过这种投机是各种商业和各个企业所不能避免的，本章所说的投机，并不是这个意思，而是比较狭义且严格的：投机是一种根据市场物价涨跌进行买卖，以获取利润的行为。

真正的投机者并不生产产品，他们也不像商人那样向需要者供给商品。他们对商品本身的确没有什么兴趣，他们所感兴趣的是一个物件在不同地方或不同时间，有着不同的价格。投机者完全靠从这种不同的价格中取利。

对于这种活动而言，战争造就了绝好的机会，因为每次战争总会推翻原来的价值标准，取而代之的是一些新的标准。今天感到剩余的产物，明天却有了极大的需求；战争进行时急需的商品，一旦战争结束，就会变成完全没用的东西。战争投机事业的根本活动，是在推测某几个问题的答案：战争会发生吗？战争将于何时结束？哪一方可能会获胜？和议条件会是怎样的？此外，还有许多其他问题，但这几个问题也许是最重要的。不过这些问题虽然非常重要，非常难以回答，但我们却不能误以为投机事业是经过了透彻研究的。这往往是一种猜测的工作，战时与平时一样，许多成功的投机者却往往推算错误。

最原始的投机形式是赌，这不在我们的定义范围之内，然而也有相当的研究价值。古时对战争结果所做的赌，大概都是在研究一种渺茫事业的未来前途。我们现在还可发现一些十六七世纪时对历次海战的赌注。荷兰商人往往会赌船舶是否能够安全抵埠，或者是否会遇到大风浪、海盗的伤害或敌人的袭击。船舶公司的股票，往往会被一些亚洲或南美洲回来的船长带来的消息，影响走势。后来的战争投机事业即来源于此，到19世纪才确定下来形态，到第一次世界大战时达到了顶峰。

投机政府公债

不久，投机事业就扩展到了陆上的军事活动。最初这种投机活动的对象是战争公债，先驱是荷兰人。1672年，荷兰与英国开战，荷兰印发战争公债，以接济同盟国奥地利与勃兰登堡-普鲁士（普鲁士王国的前身）。这种公债立刻就变成了人们狂热投机的对象，价值跟随战事的局面而涨落。当荷兰河流区域结冻时，就给了敌军从冰上进军的机会，于是公债跌至票面价值的一半。随着冰面融化，敌方受到阻碍，公债又从票面价值的50%涨至80%。

在以后二百年中，每次战争总会引发一次政府公债的投机，虽然规模并不是很大。除了一些特殊的时期外，直到18世纪结束，投机活动大都限于一些专门的投机者中，不过他们个人胜负的数额总是很大。每一次打败仗都会造成公债的跌价，这对于政府的威信大有损害。英国便断然采取措施，制止战争投机，严禁公债交易。虽然不久就有投机者发现了一些逃避的方法，但那次的禁令一直实施到了1860年。

法国政府亲自参与投机活动，来抵制私人投机活动。拿破仑虽然看不起金融家与投机者，但对巴黎证券交易所公债的价值非常重视，他认为这是政府信用的象征。因此，他几次从中干涉，维持公债的价值。但他的活动不但没有达到预期的效果，反而令国库损失极大。1803年，当英国对法国宣战之后，巴黎证券交易所公债大跌，政府虽花费了1 200万法郎制止跌势，却没有效果。西班牙之战开始时，拿破仑不听莫里恩的忠告，决定不能让5厘息的公债跌至票面值80%以下。为了达到这个目的，他花费了3 000万法郎，但仍然以失败告终。

政府的干涉，不但没有制止投机，反而激发了更多的投机活动。大家都知道政府正准备设法维持市场，不过能够维持多久，能否成功，不得而知。在拿破仑战争时代，巴黎证券交易所曾屡次发生崩盘，最严重的一次发生于1809年6月——当拿破仑出征奥地利时，在阿斯本与埃斯林大战之后，法国在瓦格拉姆的最后胜利之前。当时有一个大投机者雷格尼买进了大批公债，但战事晦暗不明，公债大跌，结账之日他竟无法弥补。这次的失败引发了莫大的恐慌，好几个人破产，一个人自杀。一些与雷格尼有大宗账款往来的掮客完全破产了，但雷格尼却能安然应对这次崩溃，并未受到严重损失。

法郎与英镑

在拿破仑时代，外汇投机活动也很发达。当时大多数银行家依旧记得革命时纸币价值的浮动情况，因此他们对于利用通货与价格涨跌赚钱的技术很熟练。这时币值的涨落幅度虽然很小，但也有着可观的获利机会。有时是法郎发生恐慌，有时是英镑发生恐慌，货币汇兑方面的投机就成了非常有利可图的事业。

银行家雅克·拉菲特是这方面的老手。1805年，他在这不安的时期中做着披兰古的银行的代理人。当时法兰西银行正经历一段极其恐慌的时期，银行纸币跌至原有价值的20%。雅克·拉菲特的主人披兰古同时是法兰西银行的总裁，他当时已年老，深信银行纸币必将与法国大革命时纸币有同样的结局，因而态度颇消极，他希望在自己的银行里储存一些外国纸币。对于当时的情形，雅克·拉菲特比披兰古更冷静和机敏。虽然法国在特拉法加打了败仗，但他还是不买英镑，而买法郎。他的判断最后被证明是正确的，数月后，在奥斯特里齐战争胜利之后，金融恐慌平复，法郎恢复了原有的价值。

雅克·拉菲特当然并不单单准备持有法郎，如果他看到有利可图的时机，他也同样准备购买“敌国”的流通纸币。由于大陆封锁政策，英镑跌至原来价值的三分之二。雅克·拉菲特看到机会来了，便以17法郎兑换1英镑的汇率买进了40万英镑。他深信，总有一天，拿破仑势必与英国议和（如果不是战胜而议和，也一定是战败而议和），那时英镑价值是不会不上涨的。后来拿破仑的权势衰落，雅克·拉菲特的先见就得到了回报。他把他的英镑以1比20~21法郎的汇率全部卖出，获利近150万法郎。他把英镑卖给了佩罗奈伯爵，后来雅克·拉菲特又曾和伯爵在别的事业中发生接触。当时英镑价值持续上涨，佩罗奈伯爵这次的交易便也非常顺利。

在拿破仑统治的末期，投机事业达到了狂热的顶峰。“百日政变”发生时，巴黎证券交易所中希望、忧惧与不定交织在一起。第一个好消息传来时，公债涨至面值的70%。当时乌佛拉特刚用一笔借款以50%的价格买入了一笔公债，他乘机卖出，获得了一笔厚利。但当时反法同盟军队不肯接受拿破仑回国的事实，并有重新开战之意，于是公债便被纷纷抛出，价值跌至面值的20%。

伦敦证券交易所中也表现出了不安。英国对胜利并没有什么把握，这种自信的缺乏在英镑价值上反映了出来。在拿破仑第一次被放逐后，英镑差不多恢复了与其他货币的平价，但在滑铁卢战争的前夜，它却跌至面值的15%。在金融家中，只有内森·罗斯柴尔德一人看清了当时的形势。当时有许多传说，讲述了在滑铁卢战争紧张时期，他在伦敦证券交易所里活动的情形。

有一种说法是内森·罗斯柴尔德曾亲自去了比利时靠近英国军队的地方，他最先得到了战事结局的消息。拿破仑失败的消息一经证实，他就立刻跳上马，绕道布鲁塞尔至奥斯登特，赶上了第一艘开出的船舶。经过一夜风浪，第二天早晨，他默默地、不可思议地坐在证券交易所他常坐的位置上。有人问他消息，他只是表现出一种不耐烦的态度，耸耸肩膀。罗斯柴尔德家族反对拿破仑是出了名的，因此人们以为拿破仑占了上风。于是，所有的公债都被纷纷抛向市场，内森·罗斯柴尔德就让一个中间人代他尽量买进。当最后消息从欧洲大陆传来时，公债价值飞涨，他获利不下100万英镑。

然而历史绝不会如此戏剧化。最近的调查结果显示，内森·罗斯柴尔德并没有到欧洲大陆去，也绝不至于耸耸肩就能使公债价值大跌。在滑铁卢之战前两天，拿破仑派勃勒契在林尼打得非常顺利，反法同盟国的军事形势并不十分有利，这些都是大家知道的。

不过内森·罗斯柴尔德的消息比别人灵通一些是真的。在他分布于全世界各地的经纪人中，有一个人就驻扎在奥斯登特等待战场上的消息。一份荷兰报纸发布了战胜的消息，恰好在一艘开往英国的船刚要启航的时候落入他的手里。因此，在英国政府还没有得到这个消息之前，内森·罗斯柴尔德就先知道了，他在证券交易所里利用这个消息发了大财。

他不仅在这方面赚了钱，在外汇上面赚钱更多。滑铁卢之战过后，英镑价值飞涨，因此他借给反法同盟国的贬值英镑，现在同盟国需以平价归还。这对于普鲁士和奥地利的财政部来说当然是极为不利的，最后英国政府答应担负汇率的差额，这样就两全其美了，而内森·罗斯柴尔德对英国和英镑的信念得到了优厚的报酬。

法国七月革命

滑铁卢战役后15年，法国又一次遭受了严重的危机。这次所受的威胁不是来自外敌，而是内战。英镑投机家佩罗奈和雅克·拉菲特都担负有政治上的任务。佩罗奈当时是查理十世反动政府的财政部部长。大半新选国会议员都反对该政府，最后查理十世便发布了若干不合宪法的谕旨，目的在于安抚反对派。银行家雅克·拉菲特就是反对派之一。他一直担任议员，当时是自由党的领袖，但他的真正目的是拥戴奥尔良公爵登位，同时为自身掌握大权做准备。罗斯柴尔德家族在法国也做了政府正式的银行家，他们焦虑地观察着局势的变化。身在维也纳的萨洛蒙·罗斯柴尔德也急忙赶到巴黎，考察具体的形势，事态对于罗斯柴尔德家族来说严重之极。他们曾替政府以极高利率发行了一笔借款，其中一大部分在他们自己手里。如果内战爆发，政府公债的价值势必大幅下跌。但事实上罗斯柴尔德兄弟不仅对此忧虑，他们认为政府也许会被推翻，但攻击国王，成立一个新的政体，似乎是不可能的。

对当时情形有着最精准判断的是乌佛拉特，他刚从监狱中出来6个月，但他的经纪人重新受到了政府和反对派双方的重用。于是当时最有精力、最机敏的金融家乌佛拉特便立刻计划加入竞争。政府公债当然就要跌价了，一个受到公开动乱威胁的城市自然也不是一个适宜开展商业活动的地方。证券交易所也许很容易关门，也许由于法国革命者的鼓动，资本家还会受到攻击。因此，最好的办法是到外国去，在伦敦也一样可以运作法国公债。乌佛拉特在1830年7月中旬前往伦敦，开始开展卖空的经营活动。内森·罗斯柴尔德发现公债持续卖出，价值不断下跌，自然大感恐慌。不久他探得卖公债的是谁，不免大吃一惊。难道他兄弟报告他的情形不对吗？还是乌佛拉特有意实现他危险的诡计？无论如何，他没有别的办法，只有把乌佛拉特卖出的公债买进，使它的价值不致再往下跌，同时，他设法向巴黎打探消息。

雅克·拉菲特在书房

雅克·拉菲特（1767—1844），法国政治家、银行家。他是法国奥尔良家族的支持者，后来路易·菲利普建立法国“七月王朝”，他被任命为首相兼财政部部长。

巴黎银行的詹姆斯·罗斯柴尔德接到了内森·罗斯柴尔德的询问，便到佩罗奈那里，直接问他外面传言即将发生一次大政变的传言是否属实。佩罗奈担保说所有这些言论纯属子虚乌有，是毫无根据的。他还给詹姆斯·罗斯柴尔德看了一些关于召开第一次议会的文件，并坚持说一切都将依照宪法规定的程序进行。詹姆斯·罗斯柴尔德得到了这些保证，便把消息转达给了伦敦的内森·罗斯柴尔德。

第二天谕令颁布，废止宪法的权利，而且上面都有佩罗奈的亲笔署名。人民大为愤怒，巴黎街道交通停顿。经过三天的流血战争，革命派获得全胜。查理十世逊位，逃往英国，大臣受刑，佩罗奈被判处无期徒刑，后来在1836年释放。雅克·拉菲特得意了，他的主人奥尔良公爵登位，组建了一个代表法国大资产阶级利益的政府，称路易·菲利普一世。雅克·拉菲特被召组阁，最初他不情愿，只接受了财政部部长的职位，随后同年做了内阁首相。

汇市的反应恰如乌佛拉特所预见的，当巴黎巷战尚在进行时，法国公债被大量抛出，价值跌至原值的20%~30%。乌佛拉特的经营取得大胜，获利数百万法郎。罗斯柴尔德家族的损失却比乌佛拉特获利的数目多，据他们自己计算，七月革命使他们损失了4 100万法郎。事实上，革命和乌佛拉特对法国公债的攻击，使罗斯柴尔德家族十分恐慌。在他们看来，这是毕生的第一次，也是毕生仅有的一次。

塔列朗的投机

既然投机活动与政治事件有如此密切的关系，那么政治消息灵通的人便拥有了一笔极有价值的资产。难怪一些政治家要好好利用他们掌握的秘密消息了。

塔列朗是公认的典型政治家兼投机者。他过着奢侈的生活，在拿破仑时代积聚了5 000万法郎的资产。他身兼许多职位，收入颇丰。《吕内维尔条约》签订之后，法国对莱茵河左岸领土的占领和对意大利中北部地区、比利时的统治得到承认，这又使他从各邦诸侯处得到了大笔钱财。但这些钱财绝不是他财富的主要来源。在塔列朗的一生中，无论何时，他始终利用外交上的消息渠道开展私人投机活动。

他在第一执政府时代当外交部部长时所经营的事业可以说是他最获利的事业。这时他开展的投机活动和他的外交工作有密切关系。当奥地利在马伦哥战败后，塔列朗竟劝诱圣朱里安伯爵签订一个违反维也纳训令的预备和约。奥地利政府拒绝批准这个和约，直至经过一番军事和外交活动，这个和约才得以最终生效。这种飘忽于和、战之间的时机，给投机者提供了一种最有利的机会。

塔列朗的“入侵英国计划”漫画

夏尔·莫里斯·德·塔列朗·佩里戈尔（1754—1838），法国大革命时期的重要人物，很有政治才能，曾是拿破仑的得力臂膀，多次担任法国外交部部长，擅长投机，波旁王朝复辟后又为路易十八效力。该图所绘内容为拿破仑坐在塔列朗的肩膀上，高兴地透过一个“塔列朗的入侵英国的计划”文件望向海面，看到的却是法国海军被英国海军击败的画面。

据说，在这短短的时间内，塔列朗利用政府公债的投机获利750万法郎。这个数字也许是过分夸张的，一般历史学家往往顾及不到所有财政情形，把这样一种夸张的数字写入他们的著作里是常有的事。在这个时期，公债市场非常小，获得这样一笔巨额利益似乎是不可能的。

几个月后，另一次交易中记录的数字较为可靠。当《吕内维尔条约》签订时，法国坚持奥地利应偿付它在比利时各省的全部借款。塔列朗急忙把跌价的公债尽量买进，到条约签妥正式公布时，公债立刻回涨，塔列朗获利约700万法郎。他所做的交易当然不是永远如此幸运的。1802年，英法两国签订《亚眠和约》前夜他所做的一票交易就并未获利，还损失了200万法郎。

与他同时代的人，特别是外国外交家，对这位外交部部长私人经营的事业不是没有注意到。有人怀疑他的政治决定受到了他交易利益的影响。1801年夏，英国政府因塔列朗正在从事英政府公债的投机活动，拒绝与他谈判。

两年后，英法两国再次发生战事，俄国调解无效。据法国驻俄国大使称，此次努力之所以流产，是因为塔列朗有个人目的。这时塔列朗似乎正在做着卖空交易，要使他的交易成功，这次战争必须发生。

对于塔列朗为满足自己的利益牺牲国家利益的行为，我们虽然没有确凿证据，但他的许多交易的确不是十分正当的。在历次拿破仑的战争中，他一直以英国货币与英国公债做赌注，并且往往以它们的跌价做赌注，这是无疑的。1805年，他在雅克·拉菲特的银行开了一个英镑的账户，做法郎变动的准备。

拿破仑很清楚塔列朗的行为，并表示反对。这就是他不能完全信任自己的外交部部长的原因之一。不过塔列朗的外交天赋使拿破仑觉得少不了这个人的帮助。他们之间曾经一度失和，但在远征俄国的前夜，拿破仑又把塔列朗召来，共谋合作。

当时拿破仑正准备恢复对波兰的控制，他不加思索地任命塔列朗为驻该国大使，但当他风闻塔列朗正在维也纳证券交易所大做奥国公债投机时，他的不信任之心被重新唤起，取消了任命。远征俄国大败后，拿破仑又冰释前嫌，将外交部部长之职授予塔列朗，但这次塔列朗拒绝接受，他认为拿破仑的事业已经到了末日了。那时他以政治家兼投机者的身份，从事着拿破仑敌方的银行业务。

在第一次复辟时期，塔列朗又取得了极大的成功。他当了波旁家族的外交部部长，得到了许多机会，在证券交易中获得了暴利。当时政府为了保持信用，决定设法抬高公债价值。国库特拨款300万法郎，用于此项用途，塔列朗及其他若干显贵互相援助，尽量买进，促使公债上涨。当他们几人买进所有公债，使其价值上涨后，人民也开始买进，此时塔列朗和他的一班人就可以把它们卖出了。他们获利达1 600万法郎，塔列朗分得640万法郎。

在从事外交事业的最后时期，塔列朗在伦敦当大使，还是非常积极地从事投机活动。他和罗斯柴尔德家族的关系甚为密切，这种关系是很有价值的。他曾准备接受罗斯柴尔德家族金钱上的接济，不过没有他们的照顾，他从事的投机活动也可以进行得非常顺利。如果他的所有交易都被公开，他一生在汇兑上所获的利益，也许比法兰克福五兄弟中最精明的一个还要多得多！

投机带给俾斯麦的教训

在从事投机事业的政治家中，塔列朗当然是一个成功者。但成功只是一种例外，绝不是一种常态。例如，加富尔是完成意大利统一的人，他很早便开始从事投机活动，但结果往往很不幸。

狄斯莱里也没有做得很成功，他年轻时就从事南美洲公债投机活动。那时正值西班牙的殖民地闹独立战争，他最初有赔有赚，但在1825年交易所崩盘时，他损失了7 000英镑。这个数字远远超出了他的财产总额。因这次交易失败，以后的几年他都在债务牵累之下生活，直至最后和一个有钱的女子结婚，债务才结清。这次早年的经历似乎永远浇灭了他的投机欲望。

另外，有一个问题是常被提出来讨论的，就是俾斯麦究竟是否利用了自己的政治优势获取消息，在他的银行家勃兰克罗台那里从事投机活动。在1870年后，这个问题曾引起朝野上下热烈的讨论，国会甚至采取种种的行动，但始终没有彻底查明。

勃兰克罗台不仅是普鲁士宫廷（指普鲁士王国皇室）与政府的银行家，还负责处理俾斯麦个人财产。他与俾斯麦是非常亲密的朋友，只有他一个人可以不经通报就进入俾斯麦的书房。不过在他们会晤之时，俾斯麦似乎尽量避免谈论个人的经济事务。俾斯麦知道自己的经济事务会被打理得井井有条，不用多虑。

后来俾斯麦和勃兰克罗台的关系成了人们的攻击目标，俾斯麦便把他所持有的俄国公债全部卖出。后来他几番申明，一个外交部部长是不应该投资外国的。但在他事业起步之时，自己并没有严格遵守。

1856年，普鲁士与瑞士因纳沙泰尔州问题，形势紧张，将要开战。在柏林有一支军队已经做好了充分的准备，准备收回以前属于普鲁士的领土，可是还没有征得法国的同意。这时俾斯麦经法兰克福议会同意被派到巴黎去，以普鲁士代表的身份试探法国政府的意见。

当时俾斯麦已经获得可靠消息——拿破仑三世对普鲁士的计划不准备提出反对意见。因此，他认为战争有十成把握取胜。之后，他便到法兰克福的罗斯柴尔德银行，把他所有足以因战争受到不利影响的公债全部卖出，尽管罗斯柴尔德力劝他不要这样做。一切准备好后，他便到巴黎去了，结果恰如他所希望的一样。

不过普鲁士国王腓特烈·威廉四世是一个毫无决断力、摇摆不定的人。后来他的想法改变了，他因为害怕奥地利和英国，竟把这次作战计划取消了。俾斯麦当然非常后悔没有听从罗斯柴尔德的劝告，损失了许多金钱。

这次俾斯麦遭受了极大的损失，也获得了很大的教训，以后他似乎不曾做过一次带有“外交”性质的投机活动，至少并不由他自己经营。

普鲁士总参谋部

在俾斯麦的同僚之中，情形完全相反，投机活动极其活跃。在宫廷与外交部中，每次有重大政治事件发生，就会引发一次激烈的公债买卖，其激烈程度远胜拿破仑时代的政治投机。

普法战争给一些政治投机者带来了绝好的机会。这次战争所引发的许多政治事件，特别是俾斯麦策划的著名的“埃姆斯密电”外交事件，迫使法国担负侵略者的责任，在柏林造成了一次真正的恐慌。人民没有了主意，把各种公债股票，不论是普鲁士的还是外国的，全部抛出。行市跌至原来的30%或20%，有的还跌至更低。在这普遍的骚动之中，一切价格都跌了：美国公债、英国英镑，最不合理的是，连原料价格也下跌了。

直到普鲁士军队开始入侵法国，柏林人民才开始重新买进。色当战役后，行市重新恢复常态，但要想价格回涨，那就必须早日议和。可是普军对巴黎久攻不下，因此柏林证券交易所行市又一度疲软。然而这种涨涨跌跌的情形并不足以影响政治投机者，他们正伺机而动呢！在一封注明日期为1870年9月30日，一个普鲁士官吏写给柏林银行家的信札中有如下几句话：“若快议和，我会发电报，内容是‘请寄纸烟’，然后你或许可以一展身手。”

几个月过去了，1871年1月23日，法国外交部部长休尔·法佛尔终于出现在普鲁士总司令部，预先做休战的磋商。谈判是绝对保密的——这对于一些投机者格外有利。第二天有人从凡尔赛发出了一封电报：“请为吾皇陛下寄纸烟。”

这位投资者还是相当收敛的，总司令部里的其他人就格外利欲熏心、大胆放肆。同日，一个人给他的柏林银行家发出下面一封电报：“如价格尚无大涨，请今天为我尽量买进一切。”随着他又寄出一封信，详细解释道：“我今天早晨发电报让您买进，因为我接到报告，休尔·法佛尔已于昨日来这里谈判，所以我深信巴黎沦陷已迫在眉睫；交易所的行市一定会上涨。至于行市最终将涨到什么程度，什么时候卖出最为适当，若有可能，我会随时表达我的意见，一切仍请您斟酌办理。您今日买进的情形怎么样还需要告诉我一声，使我对于当前形势也能知道个大概。”

四天后，休战协议签字，柏林交易所的股票价格随之扶摇直上。

霍尔斯坦男爵

在接下来的普法战争中，俾斯麦同僚中最大的投机者是一个最不受舆论怀疑的人，他就是霍尔斯坦男爵。俾斯麦的这个密友和被保护人始终不曾做到大臣的位置，但他对俾斯麦政府最后10年的政策制订有着极大影响，与俾斯麦的失败关系尤大。他远离着德皇朝廷显贵的社交，就在他孤隔的外交地位中，默默地筹划着他的阴谋。他知道一切，但默而不言——这正是其权力的诀窍。

只有一个人，他会依惯例迅速地把政治消息报告给他，这个人就是银行家爱弥尔·海曼。此人是梅耶康银行的股东，代表霍尔斯坦在交易所里做交易。不过霍尔斯坦不像俾斯麦，他并不把自己的经济事务全权交给他的银行家，他亲自从事着每一个活动。海曼差不多每天都能接到一些字条，有时甚至一天两三次，上面写着一些足以影响交易所交易的最新消息。在收到这些字条之后，往往跟着来一些命令，叫他买进或卖出。30年来，任何国家发生的重要事件，霍尔斯坦差不多都将其作为交易的机会。他做着一切交易：汇兑、公债、股票。他利用国内外各种意外事件进行投机活动：流行疾病、灾荒，最主要的当然是战争与议和。特别是最后一个问题，他的地位使他比其他投机者更为灵敏。

1887年，德俄关系突现紧张。这时，他做了一笔极大的交易。当时柏林一些人士相信，俄国已在备战。总参谋部忠告政府，应当做好战争的准备。老穆尔克还草拟了一篇备忘录，力主立即对俄宣战，尽管这时正值严冬。俾斯麦反对这个计划，他发动了一次经济上的竞争，禁止所有国立银行发放俄国公债的抵押借款，结果俄国公债大跌。霍尔斯坦是少数预先知道这个计划的人，于是命令海曼卖空俄国公债。

如果争端不是关于柏林政府的，这种和与战的投机当然比较困难，但霍尔斯坦仍然可以利用他所得到的消息。1894年，摩洛哥苏丹的突然去世引发了严重的恐慌。霍尔斯坦写信给他的银行家，在信中说："我们已知内战不久就会成为确切无疑的事，只是这个消息还没传到巴黎证券交易所。一切事务请随机应变，不要错失良机。紧要！紧要！”

第二次布尔战争带给了霍尔斯坦一次绝好的投机机会。在双方正式宣战前数月，他写信给他的银行家：“若事态的进展恰如我所希望的那样，在此后数星期中，我们应该会获得巨大收益。”但事态的进展并不恰如他所预期的那样。这时霍尔斯坦正买进南美金矿的股票，在战事尚未真正爆发时，他已损失了2.2万马克。在这次战争中，情形也并不像他所希望的那样。他是赞助英国的，但在1899年底，形势似乎颇为顺利。“自然，我觉得我不愿再做预言了。”他曾这样写道，“不过我想知道，如果战事不利，究竟我会蒙受多少损失。如果因此议和，那将是最糟的事。我不相信这事会发生，但假使果真议和，那也恰像战争之前一样——在旭日初升之时，行市便将涨起来。”结果，霍尔斯坦因为赞助战胜国获利巨大。

他获得的消息虽然大多很可靠，但他的投机活动并不怎么走运。俾斯麦倒台后不久，霍尔斯坦在银行中的账目竟负债30万马克。不过在该银行行长任命之日，这笔债款在账册上面竟消失不见了，这无疑是受到了霍尔斯坦干涉的缘故。由此可见，直到这时为止，他的损失似乎远比收获多。

这可以说明霍尔斯坦恰像一些从事投机活动的政治家一样——他太看重政治事件对行市的影响，却忽略了其他因素。不过，从他的通信来看，他的战争投机是非常走运的。但是，他从战争或战争威胁中所赚的钱，大概都在和平时期损失掉了。

第一次世界大战时的投机活动

19世纪时的战争投机，大半以从事外国汇兑与政府公债的交易为限。投机完全视战争的宣告、战争的进行与战争的争端对某一国家所有的经济影响而定。至于战争对私有事业的影响，投机者并不重视。

以前的历次战争比第一次世界大战对私有事业的影响小得多，其中一个原因是第一次世界大战所消耗的军需较之前大得多。19世纪时，政府为迎合个人主义思潮，即使在战争时期，也极力避免干涉个人商业。大多数欧洲国家的国民，无论贫富，都有服兵役的义务。但对于资本家而言，他们仍有他们的自由，他们固然必须以他们的生命奉献国家，但有了钱，他们就可不必这样做。钱能通神，就是这个意思。

另一方面，多数直接从战争中获利的行业，不是那些在交易所中决定它们股票价值的有限公司，因此所有希望从战争中获取暴利的人，必须自己经营实业，供给军火、粮食或其他军需品。不掌握物资而着手经营商业，并无实际的贸易，单是根据物价的涨跌来进行投机，这是在19世纪末期才出现的一种大规模的活动。

第一次世界大战时的情形完全相反。这时单从证券市场的投机中获取战争利益的方式就多种多样，层出不穷。旧式的投机方法当然还继续存在，特别是赌币值的涨跌。各方发行的大量战争公债，也在一定程度上成了投机的对象。例如，在俄国沙皇政府被颠覆之后，俄国公债的形势不容乐观，当时投机的情形显得很紧张。然而较之股票与原料的投机，外国汇兑与政府公债的投机显然不值一提了。

第一次世界大战时，政府一开始就采取手段防止发生投机活动。政府并不是怕投机者攫取太多的钱财，而是害怕卖空活动造成严重后果。如果公债价值大幅下跌，就是一种公开的消极的证明，对国家士气足以造成恶劣的影响。

1914年7月，行市普遍下跌，这是战争威胁所产生的惯常反应。下跌的程度，不同的公债有所差别，并且有一种极不可思议的现象。例如，在伦敦证券交易所中，俄国与匈牙利公债的跌幅反比英国政府债券的跌幅小。英国政府债券的价值急剧下跌，几天之内下跌10%，创下了纪录。英国铁路公债的价值下跌了15%，却依旧无人购买。最不可思议的是，美国的钢铁厂与西班牙的铜矿在不久之后都从战争中获得了极大利益，但这时它们也比平时跌去15%到20%。

要想避免行市普遍崩溃，唯一的办法就只有关闭交易所。1914年7月底，所有交战国家和一些绝非军事中心地带国家的交易所全都关门了。最后关门的是伦敦证券交易所，它是在1914年8月1日关门的。这个办法的目的是停止各种交易，不过并未成功，投机活动在交易所外面继续进行。克服了技术上的极大困难，非正式的市场最终形成，其行市的涨跌比以前更猛烈。各国当局为了制止这种疯狂的投机活动，不得不重新开放交易所，但将它们归政府统制，并规定了若干条件。记账买卖交易被禁止，凡购买公债、股票或物品的，均应以现款交易。

不过各种限制也没有多大作用。各地投机商人想尽方法逃避限制，当局的统制也渐渐松懈了。以前历次战争中所做的卖空交易，的确已被禁止，不过战时工业利益有所增长，红利与花红分配增多，买多的交易便成了投机事业的基础。英国船舶业的行市高涨，德国的许多股票都比战前高涨2倍。即使在法国，最大的工业中心区虽已被敌军占领，但股票也涨了30%~50%不等。

使战争投机达到高峰的是中立国的交易所，特别是美国。纽约证券交易所直到1914年12月才重开。这时战争爆发所造成的最初的恐慌，已经完全平复，然而此时市场还是非常薄弱的。虽然政府予以扶持，但行市还是继续下跌。即使一些最机敏的投机商，也不相信这次战争可以成为美国繁荣的根基。美国钢铁公司的股票价值持续跌了20%。但不到几天，情形就改变了，商界开始讨论美国军需供给的问题：政府在妨碍好生意吗？不能这样，政府应该让路。

1915年初，当摩根与英国政府签订第一份合同时，行市普遍上涨。这一年股票价值翻了一番，许多股票的价值涨至战前3~4倍的水平。1916年，华尔街是最激烈紧张的投机活动场所。一些接到大宗军需订单公司的股票价格飙升到了荒谬的程度。伯利恒钢铁公司的股票，在大战前曾经一度跌到25美元，这时却涨到了600美元，最后竟涨到700美元。美国皮革公司的股票从3美元涨至20美元。谷物产品精炼公司的股票从8美元跃至50美元。

从这种投机事业中所获得的利益，实不亚于军事贸易本身。资本主义的机构日趋完善。人们不必亲自制造子弹或生产粮食，只要在适当的时机买进一票制造子弹或生产粮食的厂家的股票，就可以赚到几乎同样多的钱了。

在华尔街的投机商人中，有一个名字格外突出：杰西·利弗莫尔。在第一次世界大战之前，他已经在交易所里进行了一些最有利的交易，积累了很多财产。不过战争初期经济不景气，像许多人一样，他破产了。1915年初，他正式破产，实际负债数额达400万美元。不过他的信用还很好，当军需订单开始流入美国时，他便立刻买进美国钢铁公司和伯利恒钢铁公司的股票。1916年，他已是年收入超过100万美元的纳税人。1917年，他已把债务全部偿清，当美国参战时，他已经有能力认购百万美元的战争公债了。

杰西·利弗莫尔和夫人在俱乐部

杰西·利弗莫尔（1877—1940），美国华尔街著名的投机商，股市中的传奇人物，他总能敏感地预测出股票市场的走势，在买进卖出的活动中赚取巨额利润。

华尔街害怕和平

一直到美国参战，华尔街的投机活动几乎只集中在军需方面。每一个投资家都在竖起耳朵倾听着有没有和平的钟声响起，使他们可以及时卖出股票。因为大家都知道，战争一旦结束，军事工业是绝不能维持战时水准的。接近1915年年底，当霍斯上校出使欧洲，游说交战国家商讨和平问题时，华尔街上的人都露出焦虑之色，行市随之下跌。不过这次只是虚惊一场，不久行市回涨，反而比原来更热闹了。

1916年的最后几个星期，和平的“危机”再次来临，华尔街感到了深深的焦虑，但军需商人坚决不相信有和平的可能。这次战争在他们的眼里实在太美丽了，不能就这么结束了。一些不是很狂热、比较客观的投机商抓住了这个时机，其中目光最锐利、眼光最长远的是纽约金融家伯纳德·巴鲁克——威尔逊总统的挚友。

温斯顿·丘吉尔和伯纳德·巴鲁克（右）在车内谈话

伯纳德·巴鲁克（1870—1965），美国金融家、投机大师，两届美国总统的经济顾问，也是一位慈善家。他白手起家，总是出其不意地进行投资，永远和大多数人持相反意见，是真正的“华尔街之狼”，有“独狼”称号。

巴鲁克是典型的通过投机致富的美国金融家。第一次世界大战前，他已集资数百万美元。他拥有大宗阿吐里亚矿公司的股票，该公司从事钨的生产。钨是钨钢中的一种元素，第一次世界大战时该金属的价值较战前涨了10倍。单在1916年，巴鲁克就分得红利60万美元，即使在美国，这笔战争贸易的利益也不是一个小数目了。不过如此一笔钱款，在交易所可从几天的交易中得到。

像其余大的投机家一样，巴鲁克曾买进了一些军工业的股票。1916年12月11日，他又买进了数千股美国钢铁公司的股票。第二天，德国首相贝特曼·霍尔维格宣布他已向协约国建议进行和平谈判，且已通知中立国家。同日下午，巴鲁克便把所有他刚买进的股票全部卖出。这笔交易令他损失了2万美元。和平的“威胁”造成了行市的暴跌，他便改变了平时的策略，开始从事卖空交易。

与此同时，协约国相继拒绝了贝特曼·霍尔维格的建议。1916年12月19日，劳合·乔治发表了一篇演说作为答复，事情似乎就很明确了。他们会进行和平谈判，于是证券交易所的行市上涨。当劳合·乔治的演说词通过电报传至美国时，巴鲁克站在电报接收机前面，一字一字地仔细看。别人买进，他却继续卖出。他卖出的美国钢铁公司的股票达43 000股之多，卖空金额已达500万美元，而行市正一分一分地上涨。这样谨慎的人竟有这样冒险的行为，真是特别大的怪事。

两天后，华尔街便开始流传一个令人紧张的消息：政府刚刚向所有交战国家发表了一份备忘录，威尔逊总统毛遂自荐，自愿为双方的议和当中间人。交易所中的人们立刻做出反应，行市暴跌，军事工业的股票下跌10%~20%。这种行市的崩溃正是巴鲁克所希望的，现在他就可以趁机买进，从这次的交易中他获利将近50万美元。

这样一种大规模的交易，在美国不免引起人们的注意，有人怀疑巴鲁克预先得知了威尔逊总统的行动。报界大声疾呼，大加责难，当时便组建了一个调查委员会调查此事，但调查委员会的调查毫无发现。巴鲁克坚持说，他绝对没有从威尔逊那里得到一丁点儿关于备忘录的暗示；他绝不比公众知道得多；他只是相信和平，认为劳合·乔治的演说正是和平来临的一种暗示。

不过情形虽然如此，但巴鲁克投机的根据当然是一个政治上的错误，因为和平的企望就是威尔逊总统提出的备忘录，但和平的希望还是破灭了。可见他的投机能力与霍尔斯坦不同。巴鲁克有一种敏锐的见识，能辨别政治消息对证券交易所的影响，这与它实际的政治意义完全无关。

几个月后，美国参战，巴鲁克应威尔逊总统之邀至华盛顿，先做军事工业委员会委员，后成为主席，负责海陆军军需供给事务。在这个职位上（虽然他自己并不实际决定物价），他的决定对于工业赚取战争利益的多少有很大影响。

巴鲁克在就任之前，卖出了在纽约证券交易所的席位。此外，他把自己的大部分财产投资于美国战时公债，并将他从钨矿中所得的红利捐给了慈善事业。1916年，他的收入有230万美元；1917年，只有60万美元；然而在1918—1919年，他的收入竟跌至毫无分文。更奇怪的是，这个机敏的投机商人，那时竟变成了一个热情的和平主义者，痛斥从战争中谋取利益的不当行为。

战时景象与战后崩溃

其他投机商在美国参战之后，仍继续从事投机活动，一如既往地积极从事卖出、买进的交易。不过情形已经发生很大变化，当时成立的军事工业委员会等固然不能完全制止战争的利益，但战争利益已呈减少的趋势，特别是一些较小的厂家，之前作为投机商的巴鲁克就是第一个采取限制工业繁荣与证券交易繁荣手段的人。这时美国既已参战，一些投机商便格外注意战事进展情况，他们不仅对赌和战问题，还对赌前线胜负的结果。

华尔街在战争时期所发生的最严重的一次崩溃是出人意料的，它并非由美国军事活动的地位造成的。这次崩溃是在1917年10月意大利在卡波雷托战败后发生的。意大利的失利给协约国以沉重的打击，但并非最后的打击，然而当这个消息传至华尔街时，行市竟下跌了20%~30%。东部战线沙皇俄国的溃败是造成不景气现象的第二个原因。卖空投机活动大热，1917年底至1918年初，美国工业股票的行市几乎跌到了3年前军事贸易尚未开始时的水平。许多大小投机商就在这几个月的不景气中，把原先所赚的钱完全赔光了。

随着协约国在战场上的局势有所改善，1918年春季以后，行市重现了乐观的景象，开始上涨。这次的回涨虽然并不像以前那样迅猛，但好消息相继越过大西洋传来，情形便愈显光明。在持续高涨的热情之中，一些投机商显然忘了胜利的结果就是和平，他们也忘了战争利益因受政府的统制与工资普遍增高的影响现已大幅减少了。

直到休战条约正式签字，战时生产停止，华尔街的行市才开始疲弱。然而这种情况并没有维持很长时间，谁也不信这样一个繁荣的时期就此结束。1919年，证券行市飞涨，达到了军需事业最繁盛的时期也没有达到过的最高峰。随之而来的是不可避免的崩溃，证券交易所的行市与原料的价格崩塌瓦解，数十万金融企业随之倒闭。

战争投机商中只有极少数能够及时引退，杰西·利弗莫尔就是其中之一。他抓住最后时机卖出股票4万股，获利数百万美元。其余如乐天派威廉·杜伦脱，他是汽车业中极有声望的金融家，目睹了那些投机商财产的消失。无论在战时的投机事业还是平时的投机事业中，似乎都存在一条普遍的真理：来得快的财产去得也快。

投机的本能是深深埋藏在人类本性之中的，我们绝不能指望在上一次战争中得不偿失的投机者，在下一次大战时就会谨慎一些。我们也绝不能认为，如军人战争利益的消失一样，投机活动将因道德水平的变迁而渐渐消失。

平时交易所中的情形与战时不同，行市会因细微的危险征兆而不堪一击。

例如，1934年7月，当奥地利总理陶尔斐斯惨遭暗杀，意大利军队被调至奥地利边境时，华尔街的行市急转直下。这种神经过敏的现象竟使兵工厂的股票也随波逐流。但如果我们认为专业投机商并不相信战时的繁荣，这就错了。我们所能得到的结论是这样的：现代战争中，证券市场行情一般的动态（战前疲弱，战时飞涨，战后崩溃）在未来依旧将重新上演，除非在中立国与交战国，其投机活动完全受到抑制，不过当前还不易看到事情会发展到这样的地步。

Chapter 6

第六章

反对战争利益的奋斗

三种议论

在当前世界的任何国度里，没有一个人是准备起来为战争利益辩护的。战争利益在原则上已经受到了舆论与政府的指责。此种指责有三种形式。

第一种是和平主义者的见解。它希望抑制战争的利益，从而使战争本身受到抑制，或至少使战争的时间缩短。如果没有人能发战争财，自然也就没有人希望发生战争——这是和平主义者所持有的最简单的理由。这种理由固然非常充分，但也有许多不能让人认同的地方。

第二种是社会学的见解。不论战争是否可以避免，有些人都会因国家的需要而获利，这是与现代国民义务的观念不符的。为什么有些人被召去前线冒着炮火拼死战斗，而他们的同胞不用牺牲，反而可以从中获利呢？这种见解的正义性是无可争论的，因此至少在原则上受到了一些反对战争的和平主义人士的拥护。并且大家公认，这种立足于道德的讨论，是有实际意义的。因为历史已经屡次证明，战争利益与战争牺牲同时存在并不足以增强军队或民众的士气。

第三种是有关经济的见解。政府战时需要金钱时，必定要在能取得物资的地方搜刮。这在过去极为普遍，并且往往最后给予战争利益以有力的限制。通常它最初接触的绝非战争的利益，但如果战争延续时间很长，政府总有一天得回到这项财源上，不论是强制借款，如在拿破仑时代所采用的方式，还是像上次大战那样所采用的没收过度收益的方式。

并且，在发生对外战争之时，军队军械与粮食的供给究竟应由国家经营还是应由私人企业经营，各国政府的决定往往纯粹出于财政上的动机，而不是军事或经济上的动机。不过，另一方面，往往就是因为财政上的困难，使政府不得不对疯狂无度的战争利益熟视无睹。

国际统制军火运动

和平主义者反对战争利益集团的竞争，往往完全直接对付军火工业。我们已经看到，兵工厂对于战争实际的爆发是否感兴趣，是不能确定的。不过无论其是否害怕战争，如果任何组织或运动足以造成一种稳固的和平，其必会全力破坏，这是不用怀疑的。不用说，兵工厂对任何裁减军备或统制军火业的计划都是深怀敌意的。

威尔逊总统和与他共同组成国际联盟的人，都深切考虑了这一点，并在《凡尔赛条约》第一页第八条上明确说明了他们的见解："国际联盟成员国同意，对私人企业制造军火与战备物资的应予以强烈反对。国际联盟理事会应采取适当方法，以防止因此产生的恶果。对于一些不能制造军火与战备物资的成员国，属于其安全防御所需的必需品，则应区别对待。"

历年来，国际联盟努力达到此目的，同时也有成员国采取种种措施破坏这种努力。1925年国际联盟曾举行会议，讨论调整国际军火交易问题。当时曾有若干建议，拟对某几个地域的军火输出以及非法交易商，予以禁止。一般认为所有国际联盟成员国的政府都会同意此项建议，但竟有一两个输出国不同意。此项建议因此没有通过，调整军火交易的努力也一无所成。后来一个专门委员会制订了一份草约，虽然其中的建议都是最稳健适当的，但这始终只是一份草约，没有约束力。

1932年，国际裁军会议在日内瓦召开，目的本是为军火工业与军火商业制订一个比较有效的统制办法。全世界的目光都投向日内瓦，大家都希望会议能够产生一些明确的结果。可是与往常一样，委员会与小组委员会相继成立，以仔细研究每一个专门的问题。越讨论到细节处，他们便越受到政治与技术争论的阻碍。有些比较激进的代表建议整个军火工业归国营，然而一开始就遭到了反对，反对者认为这对于一些国内没有军火工厂的小国是不公平的。一些大的从事输出贸易的国家对这个建议的反对，比一些进口军火的国家更为强烈。

即使一些最平和的建议，像颁发许可证、统制私营制造厂，也遇到了极大的阻碍。美法两国已经同意国际统制，却遭到了英国的反对。中国等国坚持认为只有实行最严格的国际统制才能见效，日本却不能容忍国内的军火受任何国际团体的管控。因日本持反对态度，俄国也提出了保留经过三年预备期的建议。会议始终没有达成一致的结果，除了投票表决延期开会，或是成立一些新的技术委员会。

一直到现在（指1937年），国际军火业用全盘的技巧化解了从日内瓦国际联盟总部发出的每一份威胁性文件带来的危险。17年前（国际联盟成立于1920年1月10日），国际联盟对军火商人发出的宣言，至今还是徒有形式而无实际作用的空文。

国家统制军火运动

不但在国际上反对军火工业的奋斗没有取得任何明确的结果，就是在各国国内也是一样失败。直到1935年，军火工业的国营化没有在一处取得成功。只要有人认真提出这个问题，军火工业便立刻进行有力的反击（法国在人民阵线选举胜利后，新政府已宣布将某些军火工业收归国有，这算是一个例外）。

在民营企业中流传这样的议论。假使今天把兵工厂收归国营，明天就将把原料的生产收归国营，因为那是制造军火所必需的，后天就将把纺织业与粮食业收归国营，因为它们也是战时经济的主要组成部分，以此类推，可知实现军火工业的国营只是实现各项工业国营的开端。不论对此持赞成意见的人提出什么理由，都是要求实现共产。这种似是而非的推理使民营企业得以屹然存在，并且这种推理还适用于反对政府所采取的各种策略。

有一种反对私人制造的理由受到了普遍重视，它指出了军火业不受政府统制可能为国家带来的危险（特别是在战时）：在若干种情形下，将军火卖给外国，即等于接济敌人的武器装备。因为我们不知道，在未来的战争中，哪一方会成为哪一方的敌人。在和平时期购买军火的国家，也许在第二年就会用买来的军火攻击制造这些军火的国家。

但是军火商也可以用同样的诡辩言辞驳斥这种观点：每一种输出都在增强国家输入的力量，每一部机器、每一磅棉花……一切都可以说是军需品。因此，一些军火业经纪人表示（这个道理显然是毫无破绽的）："如果军火业停止输出，那所有国际贸易都应停止。"

军火业所提出的另一条论据，是克虏伯在60年前（相对于20世纪30年代而言）用过，最近成为美国制造商最爱用的一种说法：国家军火业如果不能输出，就绝对无法兴旺。1928年，国际联盟统制军火业会议美国代表团首席代表西奥图·布顿向美国政府建议，所有对交战国家的军火输出，应予以严格禁止。这引发了一次激烈的争辩。美国政府中研究这个问题的专家回答说："如果外国政府知道美国在战时将停止输出，那么在和平时期它们也将不再购买美国的军火。如果制造商在平时不能自由输出，那么其产量便将降低，将不足以应付美国在危急时期的需要。因此，出于对美国国防事业的考虑，美国军火制造商应能够自由地将其产品输出到世界各国。"美国最终也是这样做的，甚至将军火供给一些将来也许有能力危害美国的国家。

这些说法虽然有效，公众舆论却也是明白灵敏的。当军火商鲁莽的行为变得太明显时，舆论便会鼓噪起来。1934年，英国参议院军火委员会主张严格统制军火工业。这种主张在华盛顿宣布之后，在外国也引起反响。在加拿大，麦肯齐·金要求在整个大不列颠帝国做同样的调查。在英国，的确成立了一个皇家委员会，但其讨论似乎也没有产生任何明确的结果。

1935年春，瑞典外交部部长赛特勒透露，瑞典大部分军火工业都掌握在德国资本家手中，消息传出后群情激愤。瑞典最大的军械厂蒲发厂三分之一的股资均为克虏伯厂所拥有（经过一个中间公司的代表）。根据当时通过的一条特定法律，这些股票应卖给瑞典资本家，并采取相应措施，使此种情况不再发生。但当政府准备采取进一步的行动，使此项工业受政府统制时，立刻遭到了猛烈的反对。这次冲突得到了和平的妥协处理——在两年半时间内实行执照制度，两年半后再各听其便。最奇怪的是，在这样一种情形下，政府亲自出面反对，军火业却仍大获全胜。

政府的宣言

和平主义者反对战争利益的宣言似乎有着较大的成功概率。任何人不能从战争中牟利，特别是在退伍军人之中，已经普遍被认为是一种真理。凡是不这么认为的，也绝不敢把他们的见解明确地表达出来。近年来，所有大的民主国家的政府均已相继正式发表宣言，宣布在将来的战争中不能再有发战争财的现象存在。

这种宣言，大概都在各国军费极大增加，而各项战时工业赚取丰厚利润的时候发布的。这种状况至今没有找到解决的办法。不过，一些领袖、政治家比过去更明白地注意到将来的情形，这是一个重大的事实。

在法国，1934年12月，佛兰亭告诉众议院：“战争时期，国防工业中，绝对不能有人赚取任何利益。”这受到了全体民众的热烈拥护。并且法国政府认为，把军火工业与“和平”的工业加以区分，是极其危险的事情，因为到了战争时期，许多“和平”的工业也将很快地进行供应战争需要的生产。“有些人在赚钱，有些人却得在战场上牺牲他们的生命，这是谁也不能容忍的。”佛兰亭继续说，“政府认为，在战争时期，任何支持作战的工业都不能牟利。”

不久之后，法国政府即着手在此项原则的基础上立法，使之成为一种具体的形式。弗奈特·劳伦脱——执政党右派的一个代表，向众议院提出了在战时禁止所有因战争获得工商业利益的手段。战争发生时，利益应以战前五年的平均数为限，所有超过此限额的收益便由政府征收，用以赔偿战争所引发的破坏。1935年6月，当法国国会辩论军事预算时，又引发了另一次对战争利益的攻击。然而这些努力均未成功，政府始终没有采取一些明确的制止从战争中牟利的手段。

不过在第一次世界大战后法国的确曾经采取了一些实际的激烈的行动，虽然直至1933年才开始大规模推进。这年春，法国国会通过了一项重翻旧账的财政措施，目的在于给1914—1918年的战争利益以打击。国会出台法律，规定不但会继续征收额外利润税，还要没收所有超过一定比例的战争利益。国会规定制造商所能获得的最大利益为所供货物价值的10%，中间人所能获得的最大利益为25%，凡超过这个数额的就收归国库。不过，不要忘了，此时法郎的价值已较第一次世界大战前降低了五分之四，因此依据此项法律征收的金钱，比在当时征收的要少多了。

为了搜集实施此项法律所需的资料，当时法国成立了一个战时贸易调查委员会，以调查战时所有比较重要的军需品的贸易情况。他们调查的结果还没有发表，不过我们可以看到，他们所收集的资料是足以充作将来针对战争利益立法的根据的。

1938年之前的一段时间，法国曾激烈讨论在和平时期限制兵工厂利益的问题。1935年7月，皮埃尔·赖伐尔（时任法国总理）颁布法令，采取实施此项工作的初步手段，其中包括对一切为国防事业工作厂家的利润征收20%的特税。

1935年5月，斯坦利·鲍德温向英国下院正式宣布：政府决定，在英国空军扩张计划中，不能有乘机获利的行为。然而这个宣言没有在证券交易市场引起任何反应。当时航空股票价值已很高，而且在持续上涨。不过我们可以不用怀疑，鲍德温在第一次世界大战时曾将他所得的战争利益归还国库，他当然预备对别人的利益也进行限制。

斯坦利·鲍德温和他的女儿

斯坦利·鲍德温（1867—1947），英国保守党领袖，曾三次出任英国首相。他和他的第三届内阁政府在第二次世界大战爆发前漠视法西斯主义对和平产生的威胁，受到了外界的批评。

在意大利，即使在和平时期，也有一大部分军火工业是归政府在财政上与政治上统制的，然而对其在战争中所得的利益没有公开调查过。1935年夏，当意大利对埃塞俄比亚作战时，墨索里尼认为对其在战争中所得的利益应该加以限制，虽然他采取的手段是徒有其表、毫无实际意义的——除了在前几年所赚的利益外，各公司所发红利不能超过6%，如有余额，就用来投资政府公债，由政府保管三年。因此，私人公司虽然暂时失去了自由处置财产的权利，但从战争中得到的利益实际并未受到限制。

墨索里尼（左）和希特勒

贝尼托·墨索里尼（1883—1945），意大利法西斯党党首，独裁者，第二次世界大战的元凶之一。1943年7月，由于军事作战失利和国内反法西斯运动高涨，他被免职、囚禁，后被希特勒派人救出并成为“意大利社会共和国”傀儡政权的头目。1945年，法西斯势力全面崩溃。1945年4月27日，他在逃亡途中被意大利游击队抓获，第二天被处决。

美国国内的斗争

反对从战争中牟利的斗争最激烈的国家当推美国。美国国内的反对力量非常惊人。几年之前（相对于1937年而言），小规模的反对从战争中牟利的运动还受到了政府最有力的抵制呢！

在胡佛任总统时，政府的态度发生了一次改变。胡佛公开痛斥美国军火制造商破坏性的、黑暗的行为。他的出发点虽好，但终究有勇无谋，并不能给美国人留下深刻的印象。按照他所说的，耗费在军火上面的大量金钱是造成经济危机的主要原因之一，但是他所提出的理由很不充分。他虽然成功地揭穿了军火制造商及其经纪人的阴谋，但并没有去破坏这种阴谋。一个研究战争政治问题的委员会建议，对从战争中获得的利益征收95%的税，但这条建议并没有得到政府郑重的考虑。在这一点上，胡佛的工作不过像是一阵疯狗的狂吠而已。

直到罗斯福上台，反对从战争中牟利的运动才真正被重视起来。罗斯福最初就把美国重整军备问题与从战争中牟利问题加以严格区分。政府认为只要适当，就可以扩充军备。只是供给军火的人不能像以往那样中饱私囊，也不能从任何战时的补给品上赚取利益。至于军火的输出、军火贸易的投资以及其他从战争中获得的利益，也都采取同样的态度。他的口号是：打倒战争利益。这当然是一个极有力的口号。

德黑兰会议期间的斯大林、罗斯福和丘吉尔

罗斯福是美国第32任总统，也是迄今为止唯一一位任期超过两届的美国总统。他在任期内推行的新政有效缓解了经济危机产生的危害，并在第二次世界大战中积极反对法西斯主义，被认为是美国历史上最伟大的总统之一。该照片的拍摄背景：第二次世界大战时，为开辟西欧第二战场，苏、美、英三国首脑在伊朗首都德黑兰举行会议。

要想打破过去的观念和习惯，我们必须使公众看到第一次世界大战中军火商、投机者所获得的利益，以及他们用以进一步取得此项利益的诡计。这并不是要揭露一些特殊的私人的丑闻（美国人对这种揭发是司空见惯的），而是使公众对于一些专营私利的人在过去20年中的正常活动略加注意。

1934年，参议院组织的军火委员会曾毫不畏缩、毫不偏袒、率直地做了这项工作。它所做的工作比以前任何调查团所做的都透彻。没有一个伟大的人物，没有一个权威的组织，能够恫吓委员会的委员，他们的研究也并不限于正式的兵工厂，还进一步调查了所有军需厂的事务，结果揭露了一些庞大的利益、秘密的契约、放肆的宣传，以及一些最卑鄙龌龊的贿赂行为。

参议院委员会不仅进行了相关调查，还趁着握有权力的时候，立刻草拟法案，对战争利润100%征税。国会几乎全体一致地通过了这项建议，但在它成为法律之前，罗斯福出面干涉，在白宫召集专家会议，详细研究整个问题的各方面，并起草相关法案。

罗斯福总统此举不免引起了非议。许多人认为这是军火商所进行的一种侧面的攻击。不过所选各专家的名望表明了政府认真的态度。政府把筹备的工作委托给伯纳德·巴鲁克，他所具备的才能使他处理起这件事情来毫无问题。他曾从战争中牟利，也担任过统制战争利益的官员，有着两方面的经验。巴鲁克在第一次世界大战之后，就曾草拟了一份工业总动员的计划。这项计划的内容包括对兵工厂实行执照制，以市场最高价格的标准对一切过度利益征收重税。我们可以看到，这项计划并没有明确禁止从战争中牟利。

不过政府希望从政治的角度来研究这个问题，于是查理·华伦教授被召来了，他本是罗斯福总统财政政策的顾问。巴鲁克与华伦共同制订了一个计划，目的在于防止战事发生时，美国因与之有经济利益关系而陷入旋涡。要想达到这个目的，他们认为必须对中立国家的贸易也加以限制。应严格禁止将军械或军火供给交战国家，不能借款给交战国家，也不能将船舶供给交战国家。此外，凡驶入战区的美国船只，政府不提供任何保护，不签发护照，以确保美国人民不能进入交战国家。

这个办法为世界上任何一个危险地带画出了警戒线，打个比方，这是对所有传染病流行的区域实施了防疫隔离的措施。战争地带应被封锁，美国人民、美国船舶、美国军火、美国金钱，一概不得入内。1935年夏，意大利和埃塞俄比亚的矛盾日益加剧，于是美国政府开始呼吁正式立法，但直到战争爆发，美国的兵工厂一直都能毫无困难地与意大利继续交易，也没有法律禁止原料的供给。铜、铁、棉、石油等均大量运入意大利，数量远超平时。美国政府苦苦劝导，要求出口商自动停止向意大利输出一切军需品，但始终无效。

1936年1月，罗斯福在给国会的一份文书中，企图采取进一步的措施。要想确保美国的中立地位，仅禁止军火的输出是不够的，应该扩充到所有足以帮助交战国家继续开展战争的美国商品。在这项原则宣布之后，国会便起草法案，授权总统对于军需材料，如煤、石油、棉、铁等，如果其输出数量超过平时，可以随时下令予以禁止。

这个办法，最初同时受到了人民与国会的赞同。当时正值军火委员会调查摩根的战时业务，群情激愤，有关这个建议的法令似乎可以很快顺利地出台。但这时利害相关方的一些人一致地展开了反攻。首先，若干法律专家坚持认为此种办法在技术上有极大的困难，很显然不能实现，并提出反对。其次，在军火委员会中又发生了一件不幸的事。众多参议员对前总统威尔逊提出非难，民主党党员认为这只不过是竞选者赢得选举的策略，民主党中若干骨干分子便拒绝投票通过继续该项调查所需的经费。最后，日内瓦讨论煤、石油封锁的问题，又被同国际联盟作对的国家阻止。不到几星期工夫，美国的舆论转了风向。立法工作延期，国会将其已存在的法律的效力延期至1937年5月。不过此项限制已能产生极大的效果，特别是禁止借款给交战国家。这对美国商业在未来任何欧洲战争中，的确是有极大影响的。

新的观念

我们已经看到，在世界上的大部分地方，思想正在发生变化。政府、国会与民众都认为，若发生下一次世界大战，绝不能再像第一次世界大战时那样放纵谋取私利者了。现在流行的新观念认为，政府应该确定国民在战时所做任何服役的报酬。总动员的对象应该包括全国所有经济组织，制造商应国家之需供给货物就像军人服役，不能对物价斤斤计较。政府决定物价，正如决定军人的工资一样。如果之后发现所定价格过高，经济组织所得利益超过规定的数字，超出部分应收归国库。100%的额外利润的税赋不能被认为是一种税，而只是一种退还。

这就是我们所说的新观念。但如果我们希望将它实现，就必须脚踏实地地去做。即使政府宣称相当尊重此观念，我们还是很怀疑政府是否有能力将它实现。整个资本主义制度建立在获利的基础之上，即使在战争的刺激之下，这种动机也很难以爱国的责任观念来代替。

我们可以看到，军人对这种事情特别怀疑。将军要求他们的战士全力以赴，随时准备牺牲，但他们一旦和商人接触，便立刻放弃了这种单纯的想法。例如，在美国最近（1937年左右）的讨论中，人们焦虑地怀疑着，承办商赚取3%的利润时，是否也能像他们赚取6%的利润时那样忠实地工作。在这一方面，军人的目光不如政治家长远。因此，军人在第一次世界大战中获得正当利益后，也想在未来可能的大战中再次获利。

判断一个人是不是从战争中获利是有极大困难的。人们已经公认，在军火与其他军需品之间是没有明确界限的。但这里能用一种标准来划分吗？或者整个国民经济是否应该视为一个单纯的单位，其中各部分都是糅在一起的呢？有许多显然与战争无关的工业部门在战时也在一定程度上分享了战争的利益，那么，一切超乎常态的利益是否都应视为战争的利益呢？

按照英法两国政府的宣言，它们似乎并不准备把事情看得太绝对了。另一方面，美国流行的看法认为，凡是在战争中获取的利益都是战争利益。

在美国，有人提议，战时的一切收入都应规定一个限度。这个办法并不新颖。1800年，当乌佛拉特被捕后，拿破仑对自己的秘书浦里恩说："在一个革命时期中，没有人应该拥有超过300万法郎的财产。即便是300万法郎，也太多了。"1935年，美国人弗灵建议，战时个人的收入不能超过10万美元。不过我们非常怀疑，这种想法是否比当时还年轻的拿破仑的想法更易于实现呢？

战争利益的演进

如果许多针对抑制战争利益所提出的建议，最终都被政府束之高阁；如果我们对这一方面的活动不加重视，就是极大的错误，因为这种活动是数百年来的一种趋势。我们已经看到，战争利益的形式、战争利益的比例及战争利益的政治与经济意义，都已有了持续性的演变。就像一切历史发展一样，这里也会有暂时恢复到以前状况的现象，但主要的趋势是一贯性的。

在过去的几千年中，军人所得的战争利益最大。因战争发大财的，人数最多的是将军，其次是将军属下的军官，有时普通的士卒也能分到一些。事实上，军人希望得到这种收益，往往成为一次战争真正的动机。这种战争利益的形式是最原始、最残忍的，现在几乎已经看不到了。除了有些国家还分配着一些微薄的薪俸、奖金等，军人的私利可以说完全不存在了。如今一个将军如果想从一次战争中捞一笔钱财，就会受到他的同僚、军队以及全国人民的蔑视。然而在古代以及中世纪，这是完全合理的，一直到19世纪，没有人对此感到惊诧、愤慨。

这种最单纯、最直接的战争利益形式消失之后，战争的利益隐匿到了金融与工商业里面。现代战争需要大量的金钱，使得政府自身也投身于金融业，在大多数时候政府自己出钱，而不用发行公债。自从19世纪中叶以来，战争利益开始从金融界退出，在兵工厂中形成了一条新的阵线。制造来复枪与大炮的商人步入了第一类大资本家的行列。当军需品在现代战争中渐渐占据更重要的地位时，其他许多并不属于专门军需品的物品也都被包括了进去。而在1914—1918年间，战争利益扩大到了一个极大的工商业范围，越是"和平"的工商业，越是比兵工厂在战争中赚的钱多。另外，中立国家所赚取的利益又比交战国家多。

因此，战争利益整个问题的核心似乎已经渐渐离开了真正的军事活动场所，虽然并不都是这样的。兵工厂现在已受到了威胁，它们是否还能享受过去所享受的利益很难说。再看将来，我们可以很有把握地预言，人们越是远离战争，所得的利益越大。本国的战争绝不能使人们获取利益（发国难财是不行的），只有从别国的战争中，人们才能获利，从军火中获取的利益将比从一些最无害的产物中获得的少。进化的活动正使战争利益渐渐变得间接，因此恺撒的地位现在正被一个罐头食品业的巨头取代。